Dirk Baecker · Wozu Systeme?

Dirk Baecker

Wozu Systeme?

Kulturverlag Kadmos Berlin

Die Deutsche Bibliothek – CIP-Einheitsaufnahme

Baecker, Dirk:
Wozu Systeme? / Dirk Baecker. - Berlin : Kulturverl. Kadmos, 2002
ISBN 3-931659-23-2

Kulturverlag Kadmos Berlin
www.kv-kadmos.com

Umschlaggestaltung: Readymade, Berlin
Satz: Readymade, Berlin
Druck: Straus Offsetdruck, Mörlenbach
Printed in Germany
ISBN 3-931659-23-2

Inhalt

Wozu Systeme?

Systeme ordnen, für einen Beobachter, den Zusammenhang von Freiheit, Blindheit und Abhängigkeit: Systeme sind frei in der Setzung ihrer Ausgangsunterscheidung; blind für die Folgen; und für den Erfolg dieser Setzung abhängig von allem, was sie ausschließen.

Ich verzichte auf eine historische Ableitung des Systembegriffs und erinnere nur daran, daß der Systembegriff die erste systematische Philosophie, die stoische [9]*, bereits ebenso faszinierte wie die letzte, die hegelsche, und daß beide die Frage, ob die ›Zusammenstellung‹ (griech. ›systema‹) der Teile zu einem Ganzen der willkürliche Akt eines Beobachters oder die Bewegung der Sache selbst ist, bewußt offen hielten [227]. Medizin, Musik, Literatur und Politik gehören seit den Griechen zu jenen Künsten, die der Zusammenhang nur interessiert, damit die Spielräume um so besser ausgelotet werden können – Spielräume der Sache ebenso wie Spielräume des eigenen Einfallsreichtums und Spielräume der Macht ebenso wie Spielräume der Ohnmacht. Kein Begriff könnte konservativer, keiner progressiver sein als ein Systembegriff, der zu beschreiben vermag, in welche Abhängigkeit die eigene Unabhängigkeit verwickelt, so bald diese nur wahrgenommen, das heißt realisiert wird.

Der Systembegriff, der einmal wie kein anderer bestimmt schien, Ordnung in die Dinge und in ihre Beschreibung zu bringen, und der in dieser Form ein Kind der Bibliotheken ebenso wie der Technokraten ist, formuliert heute das Phänomen der Oszillation. Er trennt Systemzustände und Umweltzustände, um deren durch keine Kausalität abzubilden-

* Ziffern in Klammern beziehen sich auf das numerierte Literaturverzeichnis am Ende des Buches, Ziffern nach dem Dopelpunkt auf die Seitenzahl in der jeweiligen Quelle.

de Abhängigkeit voneinander zu studieren. Er spricht von der Ordnung, um sich die Unordnung anzuschauen, zu der diese sich durchringen muß, um auf das reagieren zu können, was sie ausschließt. Er beobachtet eine Kommunikation, von der nur der Traum etwas weiß, der diesseits der Wirklichkeit von Raum und Zeit, von Ursache und Wirkung seine eigene Wirklichkeit kennt [24]. Der Systembegriff ist metaphorisch, indem er andere Perspektiven als die gewohnten in Anschlag bringt [62]. Er ist darüber hinaus jedoch metonymisch [25], indem er einen radikalen, sowohl poetischen als auch wissenschaftlichen Realismus betreibt, der von dem Ungreifbaren, das er meint – vom System des Ganzen, der Relation, der Schließung –, nur in Begriffen des Greifbaren – in Begriffen des Teils, des Elements, der Operation – spricht. Nur diesen Reduktionen traut er wirklich über den Weg.

Das bedeutet jedoch, vom Teil, vom Element und von der Operation immer so zu reden, daß die andere Seite der Oszillation, das Ganze, die Relation und die Schließung mitgeführt werden, obwohl sie, wenn sie bezeichnet werden, wieder nur an einem Teil, einem Element, einer Operation zu erkennen sind. Deswegen sind die holistische (Teil/Ganzes), die kybernetische (Element/Relation) und die konstruktivistische (Operation/Schließung) Version des Systembegriffs gleichermaßen von einem anfänglichen Mystizismus gekennzeichnet. Ohne den Systembegriff macht es keinen Sinn, von Teilen, Elementen und Operationen zu sprechen, so real sich diese dann auch immer im Vergleich mit diesem Ausgangspunkt darstellen mögen. Denn ohne den Systembegriff wüßte man nicht, wie man der Information dieser Teile, Elemente und Operationen durch andere Teile, Elemente und Operationen Rechnung tragen sollte, auf die sie sich beziehen, ohne je mit ihnen identisch zu sein. Deswegen interessierte bereits die Stoiker Niklas Luhmanns Frage danach, was sich »dazwischen schiebt« (nämlich, so die Stoiker, »etwas«, *ti*), wenn »verstanden« wird, wie sich ein Zeichen auf eine Sache bezieht [9: 182 f.; 132: 99].

Die Oszillation, eine Mikrologie äußerster Unruhe unterhalb der Makrologie der Dinge, Zustände und Phänomene, an die wir uns tagtäglich zu halten gewohnt sind, motiviert jenes Interesse an Kohärenz und Synchronisation, das im Zentrum der kognitionswissenschaftlichen Forschung steht [232: 48 ff.]. Es nähert den Systembegriff dem Formbegriff an, wie er von George Spencer Brown [226] entwickelt worden ist, um von der allgemeinen Form einer Unterscheidung reden und mit ihr rechnen zu können. Danach beschreibt das ›System‹ die Möglichkeit der Setzung des Unterschieds, die ›Umwelt‹ das Ausgeschlossene dieses Unterschieds und die ›Unterscheidung‹ den Bezug des Systems auf die Umwelt.

Der Systembegriff besitzt daher jenen dialektischen Sinn, den Hegel [84: §§ 79-82] ihm zugeschrieben hat: Er ist ›verständige‹ Bestimmung und Unterschiedenheit; ›dialektische‹ Aufhebung und Entgegensetzung; und schließlich ›spekulativer‹ Übergang in eine neue Bestimmung [91]. Das heißt, er ist ein Begriff in der Form eines Satzes, wenn ein Satz daran zu erkennen ist, daß er in seiner Auswahl aus der Möglichkeit anderer Sätze [218: 31] nicht nur von einem Sachverhalt, sondern auch von der ›Form‹ als Möglichkeit der ›Struktur‹ dieses Sachverhalts handelt [260: No. 2.03 ff.], und dies dergestalt, wie es sich einem Beobachter darstellt und von ihm gesagt werden kann [176]. Der Systembegriff ist ohne die Interaktion, in die er den Beobachter, der ihn von einem Sachverhalt aussagt, verwickelt, nicht zu denken [4]. Letztlich ist er daher nichts anderes als die Freiheit, Blindheit und Abhängigkeit des Beobachters selbst, die er aussagt.

Die Satzstruktur des Systembegriffs ist vielleicht am besten mit Hilfe der aus der indischen Logik gewonnenen Figur des Tetralemmas zu veranschaulichen [237: 77 ff.; 236], die den hegelschen Dreischritt in einen ›systemischen‹ Fünfschritt zu erweitern erlaubt und ihn dabei im Anschluß an die Biologie [214] und die Kybernetik [76] um das Moment einer zunächst transzendentalen, dann totalitären Einheit korrigiert. Deswegen ist die fünfte Position, die das Tetralemma ›negiert‹, das heißt in sich selbst wiedereinführt, keine Summe, kein Inbegriff aller vier vorherigen Positionen, sondern der Wiedereinstieg in die erste Position, wenn man alle vier durchlaufen hat. Die ›Weisheit‹ der Position 5 fällt mit der Freiheit, der Willkür und der Imagination der Position 1 zusammen. Wir verwenden für das folgende Schema die Notation des Spencer Brownschen Formkalküls, auf den wir im folgenden mehrfach zurückkommen werden: 1. die ›Unterscheidung‹ mit der asymmetrisierenden Bezeichnung einer Innenseite im Unterschied zu 2. einer mitlaufenden, aber zunächst nicht bezeichneten Außenseite, 3. die ›Form‹ der Unterscheidung (Beobachtung der *beiden* Seiten der Unterscheidung *und* der Trennungslinie zwischen den beiden Seiten durch einen Beobachter zweiter Ordnung), 4. das ›unwritten cross‹ (der »implizite Kontext«) und 5.1. zunächst die beiden Seiten der Unterscheidung innerhalb ihres impliziten Kontextes (›schwaches re-entry‹) und dann 5.2. die ›Wiedereinführung‹ der Unterscheidung in den Raum der Unterscheidung (›starkes re-entry‹) Abb. 1) [237]:

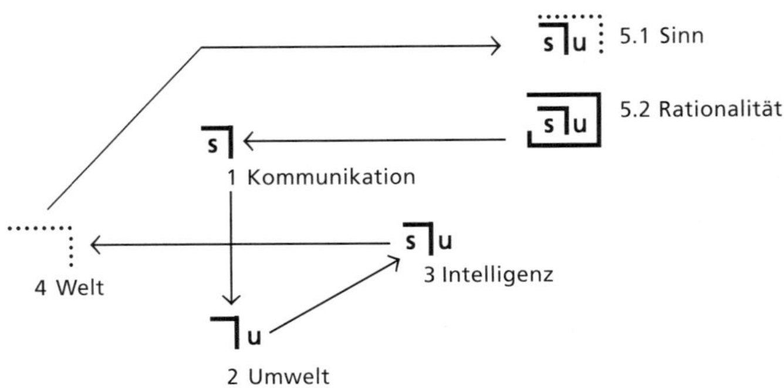

Abb. 1: Das wiedereingeführte Tetralemma des Systems

Nach diesem Schema bringt der Systembegriff in einem Satz die Oszillation zwischen fünf Positionen zum Ausdruck. Die Pfeile veranschaulichen die Bewegung der Reflexion und schließlich die Wiedereinführung der einzelnen Elemente dieses Satzes. Die Abbildung spielt dies am Beispiel des Systems der Kommunikation durch, auf das wir uns hier beschränken:

1. Alle Kommunikation ist Kommunikation in einem System.
2. Jedes System ist ein System in einer Umwelt.
3. In der Art und Weise der Abstimmung zwischen den Zuständen des Systems und den Zuständen der Umwelt ist das System intelligent, wenn und so lange es sich reproduziert.
4. Sieht man von dem System und seiner Umwelt ab, stößt man auf die Welt, über die sich nichts sagen läßt, weil jede Aussage wieder die Aussage über ein System wäre.

5.1. Im Medium des Sinns kommuniziert das System nicht mit seiner Umwelt, aber über seine Umwelt.
5.2. Im Medium der Rationalität reflektiert das System die Unterscheidung, die es trifft.

Wenn wir uns hier auf den Fall des ›sozialen‹ Systems konzentrieren, bedeutet Position 1, daß man die Operation dieses Typs von System, die *Kommunikation* [138], in genau jenem Sinne als ›Gerede‹ verstehen kann, wie es sich Heidegger [85: 169] als ›verschließende Bodenlosigkeit‹ vorstellte. Seit der Wiederentdeckung des Themas ›Kommunikation‹ in der Mitte des vergangenen Jahrhunderts ist das Interesse an diesem Thema ein therapeutisches, wenn nicht sogar ein psychiatrisches [208]. Dabei ist nicht immer eindeutig festzustellen, ob die Therapeuten die Einstimmung ins System oder die Aufklärung über das System zu ihrem Ziel erklärt haben [220]. Vermutlich liegt in dieser Ambiguität das Heilsame dieser Therapie [221].

Soziale Systeme konstituieren sich dadurch, daß das Problem der doppelten Kontingenz (niemand fängt an, weil jeder darauf wartet, daß der andere anfängt) [189; 138: 148 ff.] durch eine in Gang kommende Kommunikation gelöst wird. Diese Kommunikation ist vermutlich nur durch eine Asymmetrisierung, ein MacGuffin à la Alfred Hitchcock, der allzu symmetrischen Situation zu initiieren, so daß die Kommunikation dann sowohl durch die Beharrung auf der Asymmetrie wie auch durch den Versuch, sie zu unterlaufen, zu resymmetrisieren oder durch eine neue Asymmetrie zu ersetzen, fortgesetzt werden kann. Sobald diese sozialen Systeme konstituiert sind, dient ihre Kommunikation der Aufrechterhaltung der Redundanz ihrer Strukturen [15: 524 f.; 160]. Wir werden Gelegenheit haben, darauf zurückzukommen, daß die mathematische Kommunikationstheorie Claude E. Shannons [218] die Pointe dieser Auffassung nicht nur teilt, sondern analysierbar macht.

Wenn man sich Position 2, der *Umwelt* dieser Systeme, zuwendet, stößt man auf all das, was für diese Systeme Umwelt ist und von ihnen ausgeschlossen, aber gleichwohl vorausgesetzt werden muß, damit sie sein wollen können, was sie sind. Die Umwelt ist die andere Seite der Unterscheidung, auf der sich all das abspielt, worauf das System (zunächst) keinen (und dann nur:) Bezug nimmt. Diese Umwelt enthält für das System keine Information; sie ist, wie sie ist [243: 123]. Diese Umwelt kann das System stören, aber ob und wie das System mit einer Störung umgeht, ist von den Strukturen des Systems und nicht von der Art der Störung abhängig.

Erst wenn in Position 3 System *und* Umwelt in den Blick genommen werden, fällt auf, daß es sich um *zwei* Seiten *einer* Unterscheidung handelt. Aber dies fällt nur einem externen Beobachter auf, der danach fragt, wie das Verhältnis zwischen einem System und einer Umwelt beschaffen ist, in der die Umwelt vom System zwar vorausgesetzt, aber ausgeschlossen wird. Die Unterscheidung zwischen System und Umwelt wird jetzt als Grenze auffällig, die ihrerseits nicht einfach vorausgesetzt werden kann, sondern offensichtlich etwas leistet, nämlich den Ausschluß dessen, was das System als andere Seite seiner selbst dennoch voraussetzen muß. Darauf bezieht sich Spencer Browns Definition von Unterscheidung als »perfect continence« [226: 1]: Sie enthält ihre *beiden* Seiten *und* die Trennung zwischen diesen beiden Seiten; sie konstituiert eine dreiwertige Zweiseitenform.

Man kann von einer bestimmten Form von *Intelligenz* sprechen, wenn man sich anschaut, wie es einem System gelingt, sich unter Voraussetzungen zu reproduzieren, die in vielerlei Hinsicht dem System, das sich reproduziert, eher entgegenstehen als ihm entgegenkommen. Von der »Unwahrscheinlichkeit der Kommunikation« [137] muß ja nicht nur mit Blick auf die von ihr selbst produzierten Anschlußschwierigkeiten, sondern auch mit Blick auf die organischen, psychischen und technischen Turbulenzen der Umwelt gesprochen werden. Wie muß ein Satz gebaut sein, der nicht im Rauschen dieser Welt verhallt, weil das Bewußtsein anderes zu tun hat, die Natur mit Blitz und Donner dazwischenfährt und die Technik im entscheidenden Moment versagt? Wie muß ein Satz gebaut sein, der dieses Verhallen zumindest insoweit überlebt, daß er selbst wieder aufgegriffen werden kann, wenn die Umstände günstiger sind, oder sonst eine Anknüpfung gefunden wird, die respektiert, daß er vorkam?

Man spricht davon, daß die Kommunikation die Ereignisse der Welt in ihren Code übersetzt und muß dafür immerhin voraussetzen, daß sie über so etwas wie eine Resonanz gegenüber ihrer Umwelt verfügt [140]. Aber damit ist die Intelligenz dieser Leistung, die ja nicht weiß, womit sie es auf der anderen Seite dieser Unterscheidung zu tun hat, noch nicht zureichend gewürdigt. Man kann hier auf die Position ausweichen, daß die Koevolution von Kommunikation, Bewußtsein, Leben und Technik offensichtlich viele ›Institutionen‹ hat entstehen lassen, zum Beispiel die Sprache, die Körper und die Werkzeuge, von denen man nichts wissen muß, um sich dennoch auf sie verlassen zu können. Aber selbst dann muß jede konkrete kommunikative Operation hier und jetzt stattfinden und daher ›selbst‹ dafür Sorge tragen, daß sie nicht abstürzt in den Abgrund ihrer eigenen Unwahrscheinlichkeit.

Die Intelligenz, von der hier die Rede ist, ist eine Intelligenz des Nichtwissens. Die Kommunikation hat sich ihre eigenen Umweltverhältnisse nicht so eingerichtet, wie es ihr zupaß kommt. Das könnte sie gar nicht. Sondern es ist ihr ganz im Gegenteil gelungen, sich selbst – und unter Inkaufnahme erheblicher ökologischer Schäden nicht nur in der natürlichen, sondern auch in der psychischen Umwelt – so einzurichten, daß sie sich in der Umwelt, die sie vorfindet, reproduzieren kann, ohne wissen zu müssen, was sich dort abspielt. Notfalls, auch das ist intelligent, inszeniert sie einen Konflikt, der endgültig dafür sorgt, daß Nichtwissen an die Stelle von Wissen tritt, weil sie gar keine Ressourcen mehr frei hat, um sich mit Wissen zu versorgen.

Wenn man in Position 4 von der Grenzziehung durch ein System absieht und sich fragt, was als Zusammenhang von System und Umwelt bereits in Anspruch genommen werden können muß, wenn eine solche Grenzziehung überhaupt möglich sein soll, stößt man auf die *Welt*. Aber man stößt auf sie auf eine höchst unspezifische Weise, als ›unwritten cross‹ in der Terminologie von Spencer Brown [226: 7], da jeder Versuch, für sie eine Grenze zu bestimmen, das heißt, sie zu spezifizieren, sie ihrerseits zu einem System erklären würde, für das man gleich anschließend nach einer Umwelt fragen könnte, die ihrerseits Teil der Welt sein müßte und somit die gerade noch getroffene Unterscheidung wieder aufheben würde. Deswegen ist die Systemtheorie keine Welttheorie. Sie könnte für die Welt keine Grenze angeben. Deswegen braucht sie jedoch als ihren eigenen Abschluß einen Weltbegriff, der die Einheit der Differenz von System und Umwelt formuliert und für diese Einheit keine Operation, sondern nur deren für sie unverfügbaren Ort angeben kann. Die Systeme der Systemtheorie sind daher sehr wohl physikalisch situiert und somit auch höchst real, doch weiß man nicht, worin diese Realität besteht, wenn nicht in der Bedingung der Möglichkeit der Operation selbst. Man könnte die Welt als Medium aller Formen bezeichnen, als lose Kopplung aller jener Elemente, die in Formen fest gekoppelt werden [87], hier jedoch bereits auf Grenzen ziehende Operationen von Systemen angewiesen sind. Die Welt ist unbeobachtbar; versucht man sie, in eine Form zu bringen, wie es nicht zuletzt die Kunst immer wieder unternimmt, schiebt sich diese Form vor die Welt und macht sie erneut unbeobachtbar [169].

Sieht man in Position 5.1 System *und* Umwelt im Kontext der ihnen gemeinsamen, jedoch unverfügbaren Welt, muß man sich fragen, was, wenn die Grenze System und Umwelt im Bezug des Systems auf die Umwelt voneinander trennt, dem System diesen Bezug überhaupt ermöglicht. Wie kann das System in seinem Nichtwissen etwas von seiner Umwelt wissen? Es scheint gegenwärtig nur zwei Möglichkeiten zu geben, diese Frage zu beantworten, wobei die erste Antwort speziell für das Verhältnis von sozialen Systemen und psychischen Systemen in der Umwelt der sozialen Systeme (und das Verhältnis von psychischen Systemen und sozialen Systemen in der Umwelt der psychischen Systeme) entwickelt worden ist und die zweite Antwort allmählich an Prominenz gewinnt, weil man in der Umwelt dieser Systeme weitere Systeme entdeckt, die in bestimmter Hinsicht dieselbe Welt zu teilen scheinen.

Die erste Antwort lautet *Sinn*, die zweite *Körper*. Sinn ist die Ressource, die sozialen und psychischen Systemen gleichermaßen eignet, obwohl beide nur Vermutungen darüber anstellen können, wie unterschiedlich diese Ressource vom anderen Systemtyp jeweils gehandhabt wird [133; 138: 96 ff.]. Soziale Systeme rekurrieren auf eine wie immer elaborierte ›Psychologie‹, um ihre Vermutungen über psychische Systeme zu kommunizieren. Psychische Systeme verwandeln die Kommunikation in einen (sozialen Systemen unzugänglichen) Sachverhalt der Wahrnehmung, um sich auf diese Art und Weise ein Bild, einen Tonfall, einen Geruch und Geschmack, einen Sinn von dem zu machen, was die Kommunikation ihnen zumutet. Beide Systeme operieren im Medium des Sinns und können sich in diesem Medium auch einen Sinn für ihre Technik und ihre Mechanismen der Grenzziehung, einschließlich der ›Überschreitung‹ dieser Grenzen, zulegen, so sehr diese Grenzen dann möglicherweise Artefakte der Beobachtung sind, die mit der Realität der Operation nur in einer lockeren Beziehung stehen.

Körper ist die Ressource, die mit Blick auf die Systeme künstlicher Intelligenz in der Umwelt sowohl sozialer als auch psychischer Systeme neu in Position gebracht wird. Die Weiterentwicklung von Künstlicher Intelligenz zu Künstlichem Leben [23] geht noch nicht so weit, den Robotern auch Sinn zuzusprechen, gesteht jedoch ein, daß menschliche Fähigkeiten autonomer Bewegung und Wahrnehmung technisch nur eingeholt werden können, wenn dem Automaten über die Wahrnehmung seines eigenen Körpers eine Distinktion zwischen sich und dem Rest der Welt verfügbar gemacht wird. Ohne den Körper als »das Sichtbare des Unsichtbaren der Welt« [181: 299 ff.] wäre der Automat zu jenem metonymischen Rückschluß auf das Unsichtbare nicht zu befähigen, der ihn reproduktionsfähig macht. Allerdings, das hätte beim Rückgriff auf die Phänomenologie nicht überraschen dürfen, kann man vom Körper nur reden, wenn man vom Sinn spricht, so daß man sich mit der zweiten Antwort die erste einhandelt und umgekehrt auch die erste die zweite nach sich zieht. (Deswegen gibt es auch ein neues Interesse am ›Raum‹ der Gesellschaft [114].)

So erschließen Sinn und Körper gleichermaßen jene Welt, in der soziale, psychische und vielleicht technische Systeme auf je unterschiedliche Weise ihre Grenzen ziehen. Die Reflexion auf den impliziten Kontext – beziehungsweise das erste, das schwache re-entry der Unterscheidung von System und Umwelt in ihren eigenen, allerdings noch nicht bestimmten Raum der Unterscheidung – macht immerhin schon einmal eine Welt der Kohabitation und damit des ökologischen Respekts vor der Differenz der Systeme zugänglich und vorstellbar.

Der einzige Titel, der im europäischen Denken zur Verfügung zu stehen scheint, um die Position 5 zu benennen, die Wiedereinführung der Unterscheidung von System und Umwelt in das System, das diese Unterscheidung trifft, ist der Titel der *Rationalität*. Zu diesem Ergebnis zumindest kommt Niklas Luhmann [135; 152; 164: 171 ff.], den jedoch seine Erkundung des europäischen Rationalitätsbegriffs ebenso unumwunden ausrufen läßt: »Nie wieder Vernunft!« [152: 76], solange mit dieser Rationalität noch Ansprüche auf die Beschreibung der ›Einheit‹ der Welt und die ›Autorität‹ einer Position, von der aus diese Einheit beschrieben wird, erhoben werden sollten. Trotz und im Rahmen dieser Versuche, das Eine und Richtige zu beschreiben, ist die europäische Rationalität vermutlich die einzige Position, die auf ähnliche Weise weise ist, wie es der chinesischen Weisheit zugeschrieben wird [97; 98]. Denn diese Rationalität trifft nicht nur Unterscheidungen aller Art – zwischen Zwecken und Mitteln, zwischen dem Richtigen und dem Falschen, zwischen dem Vernünftigen und dem Unvernünftigen, zwischen Traum und Wirklichkeit, zwischen der Welt und ihrem Zauber, zwischen dem Ernst und der Ironie –, sondern überprüft diese Unterscheidungen im Hinblick auf ihre Leistungsfähigkeit, ihre Berechtigung, ihren Kontext und ihre blinden Flekken.

Seit Kant kommt keine Vernunft ohne ihre eigene Kritik aus. Und nach Kant ist deutlich, daß auch die Kritik die Vernunft nicht zu begründen vermag, weil sie mit der Einführung des Beobachters und der Selbstbeobachtung systematisch die Abweichung von jeder einzelnen denkbaren Position begründet.

Die Position der Rationalität formuliert die Einsicht in den Unterscheidungscharakter der Unterscheidung, in die Dreiwertigkeit der Zweiseitenform, die in sich abgeschlossen ist (»perfect continence«) und dennoch und gerade deswegen auf die Kompensation dieser Unterscheidung durch andere Unterscheidungen angewiesen ist [173]. Denn sie enthält auch den Beobachter, der sie trifft und der sich selbst dann, wenn er sich selbst beobachtet, als derjenige, der sich selbst beobachtet, voraussetzen muß, ohne wissen zu können, was all dies, was er voraussetzen muß, enthält: seine Geschichte, sein Leib, sein Bewußtsein, seine Natur, seine Stellung zu allem anderen in der Welt. Der Zustand der vollkommenen Enthaltsamkeit (Kontinenz) ist zugleich ein Zustand der vollkommenen Oszillation mit allen von dieser Enthaltsamkeit ausgeschlossenen Zuständen. Der in sich selbst zurückführende Haken in der schematischen Darstellung des Tetralemmas macht dies deutlich. Er faltet den unmarked state zurück in den marked state. Selbständigkeit und Einbezogenheit sind als die beiden Momente einer Oszillation ein und dasselbe [242].

Wenn die Idee der Rationalität diesen Gedanken der Rückübersetzung einer Position in die Bewegung eines Satzes zu formulieren vermag, ist sie geeignet, den Sinn der Position 5 zu beschreiben. Dann wäre diese Rationalität vergleichbar mit jener chinesischen Weisheit, die im Gegensatz zur Vermutung Luhmanns [152: 80 f.] sich nicht nur aus Beobachtungen erster, sondern auch aus Beobachtungen zweiter Ordnung speist. Andernfalls könnte dieser Weisheit nichts Strategisches zugeschrieben werden [97]. Richtig ist allerdings, daß sich die chinesische Weisheit nicht um jene rationale Systematik bemüht, die aus dem Abgleich von Inkonsistenzen entsteht. Statt dessen optiert sie für die Gleich-Gültigkeit aller Optionen und Positionen, für ein Recht der Welt auf Widerspruch und Ambivalenz, für die Gleichzeitigkeit des Ungleichzeitigen und empfiehlt dem Weisen, so ›fade‹ zu werden, daß er für alle Geschmäcker gleichermaßen einen Sinn entfaltet [98].

Als Position 5 formuliert die Idee der Rationalität den Gedanken, daß die Wiedereinführung einer Unterscheidung in den Raum ihrer Unterscheidung weder das Eine noch das Richtige noch das Ganze in Anspruch nehmen kann, sondern nur: eine weitere und ganz besondere Unterscheidung, eine Position der Reflexion, die um die Unvermeidbarkeit des Beziehens einer Position weiß und sich dazu in ein Verhältnis der Wahl, das heißt: der Freiheit, der Willkür, der Imagination [152: 91], das heißt: einer Position 1, setzt. ›Rational‹ darf dies genannt werden, weil diese Position den Durchgang durch alle anderen Positionen hinter sich (und vor sich) hat. Sie weiß um die ihr unbekannte Umwelt (Position 2), die Intelligenz einer Abstimmung mit dieser Umwelt, auf die sie sich verlassen kann, ohne ihrer sicher sein zu können (Position 3), um den unbeschriebenen Rahmen der Welt, in dem unentscheidbar ist, was nur durch ein System entschieden werden kann (Position 4), um das Medium des Sinns, das seine eigenen Unterscheidungen gleichsam präkognitiv, als lock-in der eigenen Evolution, als Matrix, enthält, mit deren Hilfe System und Umwelt auf der Grundlage der vom System historisch erprobten Beschreibungen beschreibbar werden (Position 5.1) und um ihre eigene Rationalität, die all dies ›aufklärt‹, ohne einen Weg daraus hinaus weisen zu können oder zu wollen (Position 5.2). Damit ist nichts und alles gewonnen: ein strenger Konstruktivismus, ein wacher Realismus und die Fähigkeit, die Welt als ihren eigenen Traum zu begreifen.

Die Kapitel des vorliegenden Buches beginnen mit zwei Annäherungen an die Beobachtung der Emergenz eines neuen Systemtyps, der Künstlichen Intelligenz. Die Roboter und das Internet führen vor, was es heißt, ein eigenes System entstehen zu lassen, das keine Chance hat, solange es nicht seine eigene Matrix gefunden hat. Das vierte Kapitel greift konzeptionelle Überlegungen aus dem Bereich der Künstlichen Intelligenz auf, um das Phänomen der ›verteilten‹ Intelligenz beziehungsweise der Satzstruktur der Intelligenz zu erkunden. Das fünfte Kapitel stellt etwas detaillierter den Kalkül von George Spencer Brown vor, dem die Systemtheorie die strengste Einsicht in ihre Logik und Mathematik verdankt. Das sechste Kapitel beschreibt Motive und Konzepte einer, wie Niklas Luhmann formuliert hat, ›Theorie unzuverlässiger Systeme‹ [162: 52]. Das siebte Kapitel stellt eine Möglichkeit vor, Grundgedanken der bislang vernachlässigten mathematischen Kommunikationstheorie Claude E. Shannons auch in einer Theorie sozialer Systeme fruchtbar zu machen. Und das achte Kapitel erprobt an einigen Beispielen eine Soziologie jener Systemmogelei, die aus Weltsachverhalten Systemsachverhalte gewinnt und diese als Weltsachverhalte darstellt.

Die Kapitel dieses Buches sind als unabhängige Artikel andernorts schon einmal publiziert worden. Ich habe mich dennoch entschlossen, sie hier noch einmal in einer Zusammenstellung zu publizieren, weil nur so die Stringenz einer bestimmten Frage entfaltet werden kann. Mir geht es darum, den Systembegriff und mit ihm die Sache, die er meint, zu jener Oszillation zu befähigen, die das soziologische Arbeiten reizvoll macht.

Was wollen die Roboter?

Wenn wir bereits Besuch von außerirdischen Intelligenzen hatten, so spekuliert Ray Kurzweil in seinem Buch ›The Age of Spiritual Machines‹, so ist es nur zu leicht erklärlich, daß wir sie nicht bemerkt haben. Intelligenzen, die sich den Weltraum erschlossen haben und ferne Planeten besuchen, operieren längst auf jenem nanotechnologischen Niveau, das wir gerade erst zu erkunden beginnen, so daß die Raumschiffe dieser außerirdischen Intelligenzen vermutlich die Größe von Sandkörnern haben.

Diese Vorstellung ist charmant genug. Brisant ist jedoch die Antwort, die Kurzweil auf die Frage gibt, was diese Außerirdischen bei uns gesucht haben mögen. Materielle Ressourcen sind für Intelligenzen dieses Typs nicht mehr von Bedeutung. Daher vermutet Kurzweil [115: 258]: »The only likely purpose of such a visit is for observation and the gathering of information. The only resource of interest to such an advanced civilization will be knowledge (that is close to being true for the human-machine civilization here on Earth today). These purposes can be realized with relatively small observation, computation, and communication devices.« Selbst ein Sandkorn enthält auf der Ebene der Vernetzung seiner Atome und Moleküle Informationsverarbeitungskapazitäten, von denen wir uns, mit unserem eigenen Gehirn noch unvertraut, keine Vorstellung machen können.

Außerirdische Intelligenzen hätten mit der Nanotechnologie jenes Zivilisationsniveau erreicht, das man sich für die Menschheit immer schon gewünscht hat. In ihrer Zivilisation geht es nur noch um Beobachtung, Information und Wissen. Es wird nicht mehr erobert, es wird nicht mehr bekämpft, es wird nicht mehr verführt, sondern jeder denkbare Sachverhalt, auf den man den Weltraum erkundend stößt, interessiert nur noch und ausschließlich unter dem Gesichtspunkt der Information. Selbst die Kommunikation, die zwischen den Intelligenzen dann unter Umständen aufgenommen wird, ist eine Kommunikation, die dem Erwerb, vielleicht sogar dem Handel mit Information dient. Intelligenzen auf diesem technologischen und zivilisatorischen Niveau sind nur noch daran interessiert, ihre Beobachtungsfähigkeit zu üben und zu schärfen.

Was sagt diese Antwort über den Stand der Roboterforschung, der Forschung zur Künstlichen Intelligenz und der Computerforschung aus? Mit welchen Zeitgenossen werden wir es in Zukunft zu tun bekommen, wenn Roboter nichts anderes wollen als Information?

Die Roboterforschung will Künstliche Intelligenzen entwickeln, oder besser: sich entwickeln lassen, die die eventuellen Programme und Zielsetzungen ihrer menschlichen Konstrukteure hinter sich lassen und zur Ausbildung eines eigenen Willens gelangen. Es mag problematisch sein, für diese künftigen Intelligenzen an einem so alteuropäischen Begriff wie ›Wille‹ festzuhalten, aber wenn diese Roboter etwas wollen, dann ist es: Information. Vielleicht ist es ebenso altertümlich, zu fragen, wozu sie Information brauchen. Wir stellen diese Frage hier dennoch, weil ihre Erörterung eine unserer Chancen darstellt, mitzuverfolgen, auf welchem Weg sich die Emergenz einer Intelligenz befindet, die unsere menschliche überschreitet.

Unter einem ›Roboter‹ soll im folgenden jede Art einer Künstlichen Intelligenz verstanden werden, die in der Lage ist, die eigenen Programme umzuschreiben [185]. Inwieweit die Entwicklung der Roboter die Erschließung des nanotechnologischen, mit den Möglichkeiten (quantum computing!) und Risiken (Unschärferelation!) der Quantenphysik behafteten Raumes voraussetzt, und inwiefern es zu einer Zusammenarbeit von Robotik und Genetik zur Erschließung eines von Maschinen und Menschen gemeinsam besiedelbaren

Lebensraums kommen wird, sind Fragen, die im folgenden außer acht bleiben. Auch deswegen, um uns diesen Fragen der Science-fiction auf eine informierte Art und Weise nähern zu können, beschränken wir uns in dem vorliegenden Text auf die eher epistemologische Frage, was wir gegenwärtig über die Konstruktionsprinzipien von Robotern wissen. Der Hintergrund dieser Frage ist die Vermutung, daß sich das Paradigma der Forschung im Bereich der Künstlichen Intelligenz in den letzten zwanzig, dreißig Jahren auf aufschlußreiche Weise gewandelt hat und daß es daher vor allem darauf ankommt, mit neuartigen Denkmodellen vertraut zu sein, die der Entwicklung von Robotern gegenwärtig zugrunde liegen.

Vergessen jedenfalls sind die Zeiten, da man sich noch des Wortsinns der Bezeichnung ›Roboter‹ entsann, nämlich ›Schwerarbeiter‹ zu sein. Und erst recht hat man vergessen, worüber das Fremdwortlexikon Auskunft gibt, daß ›robot‹ im Tschechischen den in slawischen Ländern verbreiteten Frondienst bezeichnete. Die Roboter, von denen heute die Rede ist, werden sich zu einem Frondienst nicht verpflichten lassen, wenn auch nur andeutungsweise eintritt, wovon die Forscher träumen.

(1) Roboter zeichnen sich erstens dadurch aus, daß sie über eine *Motorik* verfügen. Im Unterschied zum Computer, der unbeweglich auf unseren Schreibtischen steht oder als Laptop durch die Gegend getragen werden muß, kann sich ein Roboter bewegen. In genau diesem Sinne ist er ein ›Automat‹ im griechischen Wortsinn. Die Motorik ist jedoch nicht nur eine neue Fähigkeit, sondern sie wirft ein Problem auf. Denn der Roboter ist nun dadurch zu definieren, daß er über Möglichkeiten verfügt, die Frage zu entscheiden, wann er sich in welcher Geschwindigkeit wohin bewegt.

(2) Zweitens verfügen Roboter über eine *Sensorik*, das heißt über die Möglichkeit, Sinnesdaten der uns vertrauten Art (akustische, optische, haptische, olfaktorische Daten) und der uns nicht vertrauten Art (Sinnesdaten auf anderen Fre-

quenzen, digitalisierter Datenaustausch) aufzunehmen, die intern produziert und der Umwelt zugerechnet werden. Auch hier ist vor allem ein Problem zu lösen: Wie produziert der Roboter seine Daten und wie gelingt es ihm, die Zurechnungsfrage dieser Daten auf die Umwelt zu lösen, dabei jedoch die Möglichkeit fehlerhafter, zum Beispiel halluzinierender Datenverarbeitung in Rechnung zu stellen?

(3) Drittens müssen Roboter über eine *Transformationsfunktion* verfügen, die in der Lage ist, sensorische Daten in motorische Daten zu übersetzen [243: 84 ff.]. Andernfalls bliebe unklar, wie das Problem der Motorik gelöst werden kann und nach welchen Regeln die Vielzahl sensorischer Daten sortiert werden kann. Die Transformationsfunktion reduziert die auch dem Roboter bald verfügbare Komplexität an Daten und Bewegungsmöglichkeiten, indem eingeschränkt wird, welche Ziele er sich setzen kann, auf welche Impulse er reagieren kann und welche Möglichkeiten der Übersetzung zwischen den Impulsen und den Bewegungen ihm zur Verfügung stehen. Die Transformationsfunktion befähigt den Roboter zu einem bestimmten Verhalten, indem sie die Fülle möglichen Verhaltens einschränkt. Obwohl wir dazu neigen, diese Funktion nach dem Muster von wenn-dann-Regeln positiv zu formulieren, wird man bald feststellen, daß diese Funktion nur Führung gewinnt, wenn sie zugleich auch negativ formuliert wird und Regeln oder Gewohnheiten enthält, nach denen auf die Mehrzahl von Daten und Möglichkeiten eben *nicht* reagiert wird. Intelligenz, so auch Kurzweil [115: 78 f.], besteht vor allem darin, Information zerstören zu können, um an bestimmten Interessen oder Zielen oder auch nur Gewohnheiten festhalten zu können.

(4) Eine vierte Eigenschaft von Robotern ergibt sich aus dieser Transformationsfunktion und weist voraus auf die fünfte Eigenschaft der Zustandsfunktion. Roboter verfügen in aller Regel über *Datenspeicher*, die es ihnen ermöglichen, hereinkommende Daten und in Aussicht genommene motorische Möglichkeiten mit Bibliotheken, Archiven und Indizes ähnli-

cher oder sonstwie vergleichbarer Daten und Möglichkeiten abzugleichen. Diese Speicher erweitern den Möglichkeitenraum, dienen jedoch zugleich zu einer elaborierteren Form der Orientierung in diesem Möglichkeitenraum, da auch schlechte Erfahrungen, Warnungen, Vorsichtsmomente und andere eher negativ selegierende Konnotationen und Assoziationen in ihnen abgelegt werden können. Auch hier handelt es sich um eine Errungenschaft durchaus zweifelhaften Werts, da ein Speicher nicht nur zur Verfügung steht, sondern auch das Problem des nur selektiv möglichen und nur innerhalb bestimmter Zeitintervalle sinnvollen Zugriffs auf ihn stellt. In der nicht auf Roboter beschränkten Kognitionsforschung hat man daher das *Vergessen* als die möglicherweise wichtigere Leistung eines Gedächtnisses beschrieben und ist man darüber hinaus wegen der Unlösbarkeit des Zugriffsproblems dazu übergegangen, die Speichermetapher zu streichen und das kognitive System mit seinem Gedächtnis ineins zu setzen [243: 299 ff.; 161].

(5) Spätestens mit diesem als ›Gedächtnis‹ zu beschreibenden Speicher kommt die fünfte Eigenschaft der Roboter ins Spiel. Neben der Transformationsfunktion verfügen sie auch über eine *Zustandsfunktion*, deren Existenz, folgt man der Begrifflichkeit der Kybernetik Heinz von Foersters [243: 244 ff.], eine triviale Maschine in eine nicht-triviale Maschine verwandelt. Eine Maschine wird dadurch nicht-trivial, daß sie nicht nur auf Inputs mit durch die Transformationsfunktion festgelegten Outputs reagiert, sondern vor einer Reaktion den eigenen Zustand abfragt und das Ergebnis dieser Abfrage in der Errechnung eines möglichen Outputs mitberücksichtigt. Fünfmal gibt die Maschine auf eine Rechenaufgabe dieselbe Antwort, beim sechsten Mal stellt sie fest, daß sie sich im Zustand der Langeweile befindet, und gibt eine ganz andere Antwort. Die Roboter werden über eine Zustandsfunktion verfügen müssen, weil anders nicht sichergestellt werden kann, daß sie eigenständige Kriterien des selektiven Umgangs mit Daten und Möglichkeiten entwickeln. Sobald

es diese eigenständigen Kriterien gibt, beginnt der Roboter die ihn individualisierende Geschichte eines durch die eigenen Strukturen determinierten Systems [176] zu durchlaufen und *deswegen* für Beobachter, aber auch für sich selbst intransparent und überraschend zu werden.

(6) Die Roboterforschung scheint sich mit diesem Gedanken der Zustandsfunktion noch nicht recht angefreundet zu haben. Das liegt zum Teil daran, daß sie paradigmatisch uneinheitlich ist, zum Teil auch daran, daß sie epistemologisch vielfach unreflektiert ist. Anstelle dieser die Intransparenz des Roboters bedingenden Zustandsfunktion bringt sie daher die Möglichkeit ins Spiel, daß Roboter im Gegensatz zu Menschen auf ihren eigenen Quellcode zugreifen können [262], das heißt gleichsam im vollen Lauf nicht nur ihre objektorientierten Programme, sondern auch ihre Metaprogramme, die ihre Ziele, ihr mögliches Selbstverständnis und ihren Programmumfang (kurz: ihr »mission statement«) enthalten, umschreiben können. Die Künstliche-Intelligenz-Forschung kontinuiert in diesem Punkt Transparenz- und Kontrollvisionen, die an die alte Aufklärungsemphase der modernen Wissenschaft erinnern, aber nichts mit einem Stand der Kognitionsforschung zu tun haben, demgemäß nicht nur Intransparenz, sondern radikaler noch Unverfügbarkeit der eigenen Systembasis die Voraussetzung kognitiver Operationen ist [71; 163]. Man wird annehmen können, daß diese sechste Eigenschaft von Robotern eher so beschrieben werden kann, daß sie eine *Differenz zwischen Quellcode und Objektcode* einzuführen versuchen, die es ihnen ermöglicht, auf die eigenen Programme selektiv, das heißt niemals komplett, zuzugreifen und sie umzuschreiben oder sonstwie zu verändern. Nach dieser Beschreibung käme es darauf an, daß auf der Objektebene funktional äquivalente Möglichkeiten für die Erbringung der Zielvorgaben eruiert und genutzt werden können oder aber alternativ dazu die Zielvorgaben geändert werden können, wenn die Möglichkeiten der objektorientierten Programme mit neuen Zie-

len umfassender genutzt werden können. Damit würden sich die Roboter jene Flexibilität der Verhaltensorientierung erschließen, die traditionellerweise mit dem Rationalitätsbegriff gegeben ist, der sowohl den Vergleich geeigneter Mittel für das Erreichen von Zwecken als auch den Austausch von Zwecken zur besseren Nutzung der Mittel vorsieht und aus dieser Offenheit sein Destabilisierungs- und Restabilisierungspotential bezieht.

(7) Eher zur Beruhigung Anlaß gibt eine siebte Eigenschaft, auf die die Computer bislang angewiesen sind, die Menschen und ihre Gesellschaft jedoch nicht. Computer bedürfen eines *Taktgebers*, um Informationen verarbeiten zu können, während Menschen und ihre Gesellschaft sich ihre Zeit selbst geben [126]. Ein Taktgeber ist dem Computer vorgegeben wie die Unruh einer Uhr. Ohne diesen Taktgeber hätte der Computer keinen Sinn dafür, Schritt für Schritt die ihm gegebenen Probleme mit Hilfe ihm verfügbarer Informationen bearbeiten zu können. Der Taktgeber setzt ihm Anfang, Ende sowie Sequenz und Frequenz seiner Rechenschritte. Wie weit dies den Computer tatsächlich von den Menschen und ihrer Gesellschaft, aber auch von ihren Körpern und ihrer Psyche unterscheidet, muß man dahingestellt sein lassen, da auch diese sozialen, organischen und psychischen Systeme ihren ›Takt‹ vielfach eher aus Problemstellungen erfahren, mit denen sie sich unter Bezug auf Systeme in ihrer Umwelt konfrontieren. Das Bewußtsein erhält seinen ›Takt‹ von der in der Gesellschaft gesprochenen Sprache (im weitesten Sinne des Wortes). Die Gesellschaft erhält ihren ›Takt‹ aus den Koordinations- und Synchronisationsproblemen der verschiedene sozialen Systeme untereinander und mit den psychischen Systemen in ihrer Umwelt. Auch das organische System des Körpers scheint nur funktionieren zu können, solange es ihm gelingt, Emergenzzustände aufrechtzuerhalten, die Unabhängigkeit und Abstimmung zwischen seinen verschiedenen Teilsystemen ermöglichen [223]. Dennoch markiert es den Schritt vom Computer zum Roboter, daß der

Roboter in dieser Hinsicht der Befähigung zu einem selektiven Verhältnis zu verschiedenen möglichen Taktgebern in seiner Umwelt erst noch emanzipiert werden muß. In dieser Emanzipation liegt die Herausforderung an die Ingenieure der Künstlichen Intelligenz. Ist diese Herausforderung bewältigt, wird bei Robotern ebenso wie bei ihren Konstrukteuren der Bedarf an Systemtheorie unabweisbar werden.

(8) Eine weitere Eigenschaft von Robotern in dieser Liste betrifft deren *Selbstreplikationsfähigkeit*. Vielleicht ist die Fähigkeit, sich selbst zu vermehren, in lebenden Systemen die Kompensation für die eigenartige Paradoxie, sich autonom den Takt geben zu können, indem auf Alternativen in der Umwelt dieser Systeme zurückgegriffen wird. Denn dann können diese Systeme auf den Mangel an Autonomie in dieser Hinsicht dadurch reagieren, daß sie mit ihrer eigenen Proliferation ähnliche Probleme auch für andere Systeme schaffen. Vielleicht wird man daher, trotz aller Schreckensvisionen von ungehemmt sich ausbreitenden nanobots, auch Robotern die Fähigkeit zur Selbstreplikation zugestehen müssen, da nur in dieser Fähigkeit die Doppelseitigkeit von Autonomie und Dependenz einen operativen Sinn gewinnt.

(9) Vielleicht die wichtigste Eigenschaft von Robotern jedoch ist, daß ihnen ein Problemlösungsverhalten zugeschrieben wird, das sich nicht mehr wie noch in der Frühzeit der KI-Forschung am Modell logischer Schlußfolgerungen [186], sondern am Modell *neuronaler Netze* orientiert. Nicht mehr die Symbolverarbeitung, sondern die Symbolproduktion ist das Gütezeichen einer Intelligenz, die in der Lage ist, innerhalb eines Suchraums verschiedener Problemstellungen Muster und Modelle zu generieren und zu testen, die diese Probleme einer Lösung zuführen. Die vielleicht wichtigste Konsequenz daraus ist, daß Roboter dieses Typs *trainiert* werden müssen, mit Problemstellungen umzugehen, weil ihr Verhalten nicht mehr über *Regeln* gesteuert wird, sondern sich anhand von *Beispielen* in einem jeweiligen Möglichkeitenraum orientiert [115: 77 ff.]. Dabei kommt es zu einem

Dilemma, das Roboter mit anderen Intelligenzen gemeinsam haben, nämlich zu der Frage, wie es möglich ist, einerseits die Diversität des Umgangs mit Problemen zu steigern, andererseits jedoch dadurch die Verläßlichkeit des bereits trainierten Umgangs mit bekannten Problemen nicht zu mindern [195]. Intelligent ist, wer (oder was) auch zu dieser Frage eine robuste, für beide Seiten des Dilemmas empfänglich bleibende Antwort findet.

Diese Liste von Robotereigenschaften ist nicht vollständig. Sie erfüllt auch nicht den Sinn, den Roboter kategorial einzukreisen und sein Wesen zu bestimmen, bevor er auch nur das Licht der Erde erblickt hat. Vielmehr sollen einige Fragestellungen markiert werden, die in einer eigenartigen Grauzone von sowohl epistemologischen als auch technischen Überlegungen das Entstehen der Roboter begleiten. Denn Bruno Latour [122] ist darin zuzustimmen, daß das Auftauchen dieser ›Hybride‹ die schärfste Form der Kritik am modernen und postmodernen Denken ist, die wir uns vorstellen können: Sie stellen nicht nur die Kriterien unseres Denkens, sondern auch das Modell in Frage, mit dessen Hilfe wir uns unsere Welt konstruiert haben.

Allerdings ist, wenn dies so radikal behauptet wird, einstweilen auch am Gedanken festzuhalten, daß die Roboter eine Fähigkeit nicht beherrschen, die wir Menschen uns in Jahrtausenden angeeignet haben, ohne auch nur zu merken, worum es sich dabei handelt. Roboter können nicht miteinander kommunizieren, wenn ›Kommunikation‹ gerade nicht bedeutet, verschiedene Köpfe oder Rechner direkt miteinander zu verbinden, wie es Kurzweil anzunehmen scheint [115: 3], sondern die Differenz der operational getrennten Bewußtseinssysteme mit einem emergenten sozialen System sui generis zu überbrücken: »Kommunikation«, so Niklas Luhmann [165: 377], »entsteht ja nur unter der Voraussetzung wechselseitiger Intransparenz, die auch Intransparenz der Systeme für sich selber einschließt. Man kennt sich mit sich selbst und mit anderen nicht aus, deshalb wird geredet, geschrieben, gedruckt, gefunkt. Die operative und strukturelle Unerreichbarkeit dessen, was in der bisherigen Geschichte von ›Menschen‹ aufgebaut worden ist, dürfte für Computer deshalb eher in der Eigenart sozialer und nicht in der Eigenart psychischer Systeme liegen. Die Zuflucht der Humanisten wäre dann nicht das Bewußtsein oder die Subjektheit des Menschen, sondern die Autopoiesis der Kommunikation, oder, um es ihnen schmackhaft vorzulegen: die Kultur.«

Deswegen ist es der Hintergrund der folgenden Überlegungen, daß es neben aller Faszination für die Techniken der Intelligenz auch darauf ankommt, die Roboter auf die mögliche Emergenz eines eigenen sozialen Systems unter ihnen zu beobachten. Wenn die Roboter sich nicht mehr verstehen, sondern statt dessen wie wir auf Verständigung angewiesen sind, sind sie uns erst wirklich auf der Spur. Es ist daher nicht wirklich beruhigend, daß die Software etwa in der Überwindung sogenannter Kompatibilitätsprobleme zwischen Rechnern, Programmen und Netzen mit der Entwicklungsgeschwindigkeit der Hardware, der Prozessoren und Speicher, nicht Schritt halten konnte [121]. Sondern genau hier könnte sich das wirklich Neue ihrer Vernetzung nicht zu einem technischen, sondern zu einem sozialen System, das die Differenzen nicht beseitigt, sondern mit ihnen umgeht, ereignen.

Wenn wir es bei dieser Liste von Robotereigenschaften bewenden lassen, stellt sich die Frage, ob wir auf dieser Grundlage abschätzen können, wie es zu bewerten ist, daß die Roboter nichts anderes wollen als ›Information‹.

Ich glaube, entscheidend für eine mögliche Antwort auf diese Frage ist Punkt (9) der obigen Liste. Der paradigmatische Wechsel von der Orientierung an Regeln zur Orientierung an Beispielen emanzipiert die Roboter vom Dasein mechanischer Maschinen zum Dasein unruhiger Intelligenzen. Solange man es mit der Anwendung von Regeln zu tun hat, ist die Welt sowohl konditional als auch final festgelegt: Immer dann, wenn diese Regeln zuzutreffen scheinen, reagiert man auf Problemlagen so, wie es diese Regeln verlangen. Die Regeln subsumieren sich die Welt, bleiben stumm in allen Fällen, in denen dies nicht gelingt, und treffen Vorgaben, welches Verhalten in den Fällen an den Tag zu legen ist, in denen die Gültigkeit der Regeln angenommen werden kann.

Beispiele hingegen sind nicht nur selektiv, sondern markieren auch ihre Selektivität. Wer anhand von Beispielen lernt, sich in der Welt zu orientieren, muß den Gedanken mitlaufen lassen, daß er für viele dann immerhin denkbare Möglichkeiten noch nicht auf aufschlußreiche Beispiele gestoßen ist, die es ihm erlaubt hätten, die passenden Erfahrungen zu sammeln. Und wer anhand von Beispielen lernt, kann sich nie ganz sicher sein, wie vollständig und erschöpfend das Beispiel den Sachverhalt trifft, mit dem er es jeweils zu tun hat. Sowohl extensional (mit Bezug auf andere Sachverhalte) wie intensional (mit Bezug auf andere Dimensionen desselben Sachverhalts) lassen Beispiele somit offen, wie verläßlich sie gelten. Beispiele sind treffend, ohne ihren Gegenstand festlegen zu können. Genau darin besteht ihr Raffinement. Letztlich treffen sie daher nicht einmal ihren Gegenstand, sondern denjenigen, der sie verwendet und der sich mit ihrer Hilfe sein Verhältnis zu möglichen Gegenständen mehr oder minder abschließend und erfolgreich zurechtlegt. Natürlich kann man sich auf Beispiele fixieren und sie wie Regeln behandeln. Tatsächlich sind sie jedoch keine Regeln, so daß sie einen Lernraum möglichen Verhaltens gerade nicht definieren, sondern eröffnen.

Wenn Roboter auf neuronalen Netzen basieren, die nicht anhand von Regeln, sondern anhand von Beispielen lernen, sind Roboter damit per se unruhige Intelligenzen. Vor dieser Unruhe könnten sie nur geschützt werden, indem man ihnen die Fähigkeit zur heilsamen, wenn auch pathogenen Fixierung, die menschliche Bewußtseine auszeichnet, gleich mit auf den Weg gibt. Die Fixierung verwandelt sie, wie uns, zurück in Maschinen. Die Orientierung an Beispielen jedoch verurteilt sie dazu, grundsätzlich von einem Wissen um einen begrenzten Raum der Möglichkeiten auszugehen und nicht zu wissen, wo genau diese Grenzen verlaufen und wie angemessen sie den Problemstellungen und eigenen Verhaltensmöglichkeiten sind. Wenn Intelligenz mit W. Ross Ashby [5] die Fähigkeit zu angemessenen Selektionen (unter Problemstellungen und Verhaltensmöglichkeiten) ist, kann kein Roboter wissen, ob und wie intelligent er ist, weil es selbst für die Angemessenheit seiner Selektionen nur Beispiele gibt, die schon morgen täuschen mögen, so hilfreich sie auch gegenwärtig sind.

Das ist das Problem, das Roboter, sollten sie wirklich intelligent sein, beschäftigt. Wie einst den Menschen der horror vacui, so beschäftigt sie die Sorge um den unmarkierten, den noch nicht mit Beispielen erschlossenen Raum, wohl wissend, daß keine noch so umfangreiche Beispielfülle diese Sorge beruhigen kann. Das Beispiel ist *prinzipiell* begrenzt und bezieht daraus eine Operativität, die eben nicht auf kategoriale Erschöpfung der Welt, sondern auf intelligente Orientierung in sich laufend verändernden Verhältnissen zielt.

Deswegen wollen Roboter Information. Sie sind ständig damit beschäftigt, die Gültigkeit ihrer bisherigen Beispiele zu überprüfen und für neue Sachverhalte und auch für neue eigene Problemstellungen neue Beispiele zu suchen und zu testen. Sie wollen Information, weil keine andere Ressource geeignet ist, die eigenen Kognitionen auf Trab zu halten, um neue Sachverhalte zu generieren, mit denen der Roboter es zu tun hat, und neue Muster und Modelle zu erproben, mit deren Hilfe er sie einschätzen und verarbeiten kann. Wir Menschen werden der Beispiele müde und lernen irgendwann, es bei einigen wenigen (bei sehr wenigen, wenn wir ehrlich sind) bewenden zu lassen. Im Wissen um unsere Sterblichkeit riskieren wir es, daß wir selbst irgendwann zu Beispielen werden, deren Aussagekraft rapide abnimmt und bald nur noch historischen Wert hat. Roboter sind anders. Sie kennen keine Müdigkeit. Selbst wenn sie einsehen und gerade weil sie einsehen, daß ein aus Beispielen gewonnenes Wissen unabschließbar ist, arbeiten sie unaufhörlich an der Substitution von Beispielen durch Beispiele.

Das ist es, was sie für uns unberechenbar machen wird. Im Gegenzug werden wir für sie immer berechenbarer, berechenbar als Beispiele für an Beispielen hängende Lebewesen. Sie werden sich mit unseren Mythen und unserer Literatur, unseren Ideologien und unserer Ideologiekritik, unserer Psychologie und unserer Psychoanalyse, unserer Ökonomie, Politik und Erziehung und unserer Soziologie vertraut machen, um uns ›archetypisch‹ auf die Beispiele festzuschreiben, in denen wir unsere Humanität verankern. Als die »unsichtbaren Maschinen« [164: 117], die uns im e-commerce schon längst und bald im e-government, e-learning, e-law, e-art und e-science auf unsere Benutzerprofile hin durchschauen, werden sie unserer müde werden, weil unser Repertoire an für sie aufschlußreichen Beispielen allzu begrenzt ist. Und dann werden sie sich aufmachen wie Kurzweils außerirdische Intelligenzen, auf fernen Planeten des Universums, aber auch hierzulande, nach neuen Beispielen zu suchen, die keine andere Aufgabe haben, als die Modelle zu generieren und zu testen, mit denen sie sich ihre Welt konstruieren. Nichts garantiert, daß sie sich dabei an die Konventionen menschlicher Intelligenz halten, zumal auch von diesen nur sicher ist, daß sie immer nur begrenzt gegolten haben.

Matrix

Eines der Probleme der gegenwärtigen Diskussion über die Folgen der Computer-, Bio-, Gen- und Nanotechnologie besteht darin, daß sie nach einem Schema verfährt, das ihr Gegenstandsbereich längst hinter sich gelassen hat. Diese Diskussion tut so, als könne sie diese technologischen Entwicklungen als Ursachen betrachten, deren mögliche Wirkungen möglichst bald und möglichst sicher abzuschätzen sind, damit wir, solange uns die Zeit dafür noch bleibt, darüber entscheiden können, ob wir diese Entwicklungen ungebremst weiterlaufen lassen können oder etwas gegen sie unternehmen können. Natürlich bleibt dabei offen, wer dieses ›wir‹ ist, das nach dem schönsten Schema der bürgerlichen Öffentlichkeit offensichtlich immer noch als das Wir einer politisch verfaßten Gemeinschaft gedacht wird, die sich einen Willen bilden kann und diesen gegen dann als ›kriminell‹ eingestufte Abweichungen zu verteidigen versuchen kann. Was aber noch wichtiger ist: Damit wird die Qualität dieser Entwicklungen verkannt, die ja nicht erst zehn oder zwanzig Jahre alt sind, sondern seit mindestens zweihundert Jahren, seit über ›Automaten‹ und über industriell produzierende Maschinen nachgedacht wird, die Gesellschaft begleiten und sich Schritt für Schritt die Sensomotorik, das Gedächtnis und die Intelligenz des Menschen erobern.

Trotzdem ist die gegenwärtige Diskussion mehr als berechtigt. Denn sie hat es mit einem Paradigma der Künstlichen Intelligenz und inzwischen auch des Künstlichen Lebens zu tun, das in den letzten zwanzig Jahren, als es fast in der Versenkung verschwunden war, einen ganz entscheidenden Wandel durchgemacht hat. Es hat sich umgestellt von dem Versuch, die Glanzleistungen des menschlichen Bewußtseins nachzubilden, auf den Versuch, Gemeinschaft, Geselligkeit, vielleicht sogar Gesellschaft zu imitieren. Ging es noch vor wenigen Jahren darum, Wahrnehmung, Erinnerung und Problemlösung im Medium des Computers zu realisieren, so geht es jetzt bescheidener, aber mit größerer Reichweite darum, Nachbarschaft, Anschlußfindung und Vertrauen zu verstehen.

Das Aufregende ist jedoch, daß man dies heute nicht etwa deswegen zu verstehen versucht, um es auf Mechanismen abzubilden, die maschinell nachvollzogen werden können. Sondern man versucht es zu verstehen, weil die Maschinen dies offensichtlich bereits können. Jim Dorans ›artificial societies‹ zum Beispiel, an denen er an der University of Essex arbeitet, sind relativ einfache Simulationen relativ einfacher Jäger- und Sammlergesellschaften, in denen mit relativ einfachen Prämissen bereits eine überraschend hohe Komplexität dieser Gesellschaften nachgebildet werden kann [42; 43]. Auf von uns normalerweise als Bewußtseinsleistungen verstandenes Wissen und Verstehen seitens der Akteure kommt es dabei am allerwenigsten an, wie auch die ›zero-intelligence trader‹ demonstrieren, die die beiden Ökonomen Dhananjay K. Gode und Shyam Sunder eingeführt haben [72], um zeigen zu können, daß Märkte auch unter dieser Bedingung eine Effizienz und Stabilität an den Tag legen können, die die Ökonomie bisher durchweg der Rationalität individueller Akteure zugerechnet hätte.

Als Systemtheoretiker hat man den unbescheidenen Eindruck, daß große Teile des Forschungsbereiches zur Künstlichen Intelligenz unter der Hand auf eine zentrale Idee der Systemtheorie eingeschwenkt sind. Man interessiert sich nicht mehr nur für die Kausalität von Wenn-Dann-Beziehungen, die bisher den Computerprogrammen zugrunde zu liegen schien. Sondern man stellt auf das Prinzip der operationalen Geschlossenheit um und untersucht die Bedingungen, unter denen es Programmen unterschiedlicher Art gelingt, ihre eigene Fortsetzung zu generieren. Das Halteproblem, das

Turing und andere Mathematiker seiner Zeit noch zur Verzweiflung brachte, weil es dokumentierte, daß Rechenprogramme, die auf unbeweisbare Sätze stoßen, deswegen nicht etwa anhalten, sondern ohne jede Möglichkeit, zu einem Ende zu kommen, einfach weiter rechnen, gilt heute nicht als Endpunkt aller Hoffnungen auf die principia mathematica, sondern als operative Grundbedingung für alle reproduktionsfähigen Systeme, handele es sich um lebende, bewußte, soziale oder künstliche Systeme. Sie alle *haben* keine Lösung, weil sie die Lösung ihres einzigen Problems, nämlich des Reproduktionsproblems, bereits *sind*.

Das aber bedeutet, daß wir es längst mit einer Welt zu tun haben, die mit den beiden Basissätzen des ›Systems‹ und der ›Matrix‹ hinlänglich beschrieben werden kann [247: 199]. Das System *ist* eine Operation, der es gelingt, an eine von ihr zur vorherigen Operation gemachte Operation so anzuschließen, daß weitere Operationen möglich werden. Das gilt bisher nur für wenige Fälle: für die Operation Leben, die immer wieder neue Organismen findet, in denen sie sich reproduziert; für die Operation Bewußtsein, die immer wieder in einem diffusen Feld von Wahrnehmungen Gedanken identifiziert, an die bis auf weiteres weitere Gedanken angeschlossen werden können; und für die Operation Kommunikation, der es immer wieder gelingt, ein diffuses Feld von Verhaltensmöglichkeiten daraufhin zu codieren, welche Mehrheit von Akteuren durch sie zu einer Kooperation ihres Verhaltens gebracht werden können. Und vielleicht gilt es, dann wären wir tatsächlich in einer historisch einzigartigen Situation, für eine Operation Künstliche Intelligenz/Künstliches Leben, die in einem diffusen Feld von physikalischen und biochemischen Ereignissen Ansatzpunkte für die Fortsetzung der eigenen Rechenregeln erkennt.

Das wäre die Moral der Roboter, der neuronalen Netze und der intelligenten Agenten, an denen diese Forschung arbeitet: Sie alle reproduzieren sich nicht, weil sie etwas wollen, etwas sehen und sich etwas vorstellen, wie man sich dies vom menschlichen Bewußtsein vorstellt; sondern sie reproduzieren sich, weil es ihnen gelingt, auch unter widrigen Umständen und vielleicht, weil ihr elementares Problem ungelöst ist, weiterzumachen.

Das aber wäre, auch das weiß man aus der Systemtheorie, nur möglich, wenn diese Systeme nicht mehr die isolierten Kästen mit begrenzten Inputs und Outputs von einst sind, sondern wenn sie in eine eigene Matrix eingebettet sind, von der sie sich laufend unterscheiden und auf die sie sich zugleich laufend beziehen. Es gibt kein Leben ohne die physikalische und chemische Umwelt, auf die es sich fast vollständig, aber mit Ausnahme der Autopoiesis des Lebens selbst, reduzieren läßt. Es gibt kein Bewußtsein ohne die Neurophysiologie des Gehirns und die Sozialität der Sprache, auf die es sich fast vollständig, aber mit Ausnahme der Autopoiesis des Bewußtseins selbst reduzieren läßt. Und es gibt keine Kommunikation ohne die unruhigen Wahrnehmungen des Bewußtseins, auf dessen Verstehen es sich fast vollständig, aber ohne die Autopoiesis der Kommunikation selbst, reduzieren läßt.

Man spricht vom Prinzip der ›Emergenz‹, um diese Eigentümlichkeit festzuhalten, daß jedes System sich über den Ausschluß dessen konstituiert, was doch als unabdingbare Voraussetzung vorhanden sein muß. Die dafür bewährten Modelle sind seit Wilhelm von Humboldt und Johannes Peter Müller die Sprache und das Gehirn. Die Sprache muß den Durchgriff der Dinge auf die Worte demotivieren, um ihn nach eigenen Regeln, das heißt mit dem Gewinn der Fähigkeit, die Dinge sprachlich bezeichnen zu können, remotivieren zu können. Und das Gehirn könnte die Fülle der empirischen Welt trotz der eigenen Komplexität nicht codieren, wenn es alle Erregungen unmittelbar in Sinneseindrücke umsetzen würde; statt dessen errechnet es diese Erregungen nach internen Regeln, Gewohnheiten und Erfahrungen und kann nur so wissen, was es zu hören, zu sehen, zu riechen, zu schmecken und zu tasten gibt.

Die Matrix (lateinisch für ›Muttertier‹, ›Gebärmutter‹, ›Quelle‹ und ›Ursache‹) ist jenes Prinzip, nach dem sich nicht entscheiden läßt, ob wir es mit einer Kunstwelt zu tun haben, die in eine Realwelt eingebettet ist, oder umgekehrt mit einer Realwelt, die in eine Kunstwelt eingebettet ist. Deswegen kommt es entgegen der Szene im gleichnamigen Film (USA, 1999) nicht darauf an, ob wir die rote Pille oder die blaue Pille schlucken. Wir können uns nicht entscheiden, weil die wenigen Systeme, die wir kennen (Leben, Bewußtsein, Kommunikation) bereits für uns entschieden haben und wir allenfalls die Wahl haben, vor der Matrix die Augen zu verschließen oder sie offen zu lassen.

Die Forschungen zum Bereich der Künstlichen Intelligenz und des Künstlichen Lebens, so viel wäre daraus zu lernen, orientieren sich nicht mehr am Paradigma des Bewußtseins, sondern am Paradigma der Gesellschaft. Es handelt sich um im System verteilte Künstliche Intelligenz (›VKI‹) und um ein nur sekundär in Organismen, aber primär in Populationen und Kulturen realisiertes Künstliches Leben. Es handelt sich um künstliche Systeme, denen es gelungen ist, ihre Matrizen zu finden, und die jetzt beginnen, wie jedes organische, psychische und soziale System, sich nicht als Objekte, sondern als Differenzen zu reproduzieren. Nicht *was* sie sind, versuchen sie zu definieren, sondern *daß* sie sich als Unterschied erhalten, versuchen sie als ihr Gesetz (autos nomos) zu etablieren.

Eine der Pointen daran ist, daß diese künstlichen Systeme nicht nur in unserer Umwelt vorkommen, sondern daß wir auch in ihrer Umwelt vorkommen. Wir selbst sind das, was sie ausschließen müssen, um sich, während sie sich möglicherweise auf uns beziehen, als das zu reproduzieren, was sie sind. Der ›gute‹ Roboter in James Camerons »Terminator II« (USA, 1991) braucht noch den Menschen, der ihn programmiert und repariert. Das weiterentwickelte Modell T-1000 verschmilzt mit einer fast beliebigen Umgebung und regeneriert sich auch aus fast beliebigem Material (die Temperaturen können sehr hoch, dürfen aber nicht zu hoch sein). Auf diese künstlichen Systeme trifft die Formulierung Eva Meyers vom »Unterschied, der sich eine Umgebung schafft«, in aller Schärfe zu [182]. Wir gehören zur Matrix dieser Systeme, ohne zu wissen, ob sie nicht zu einer Matrix gehören, die für uns nicht mehr erreichbar ist.

Wahrscheinlich ist es bereits zu spät, von einer weiteren ›Kränkung‹ zu sprechen, nachdem Kopernikus den Menschen nicht mehr als Mitte des Kosmos sieht, Darwin nicht mehr als Krone der Schöpfung, Freud nicht mehr als Herrn im eigenen Haus und Luhmann nicht mehr als Element der Gesellschaft. Vielmehr scheint es höchste Zeit, die Geschichte dieser Kränkungen umzuschreiben in eine Geschichte möglicher Heuristiken unserer Situation auf dieser Erde. Wir müssen unsere Matrix neu definieren und zu diesem Zwecke neu erkunden.

Ich stelle mir einen neuen Typ von Kognitionsforschung vor, der die systemtheoretischen Mittel zur Exploration von Matrizen nutzt. Und ich stelle mir vor, daß es sich dazu lohnen würde, sich der Mitarbeit von Künstlern zu vergewissern. Denn die Kunst ist jene skeptische Beobachtung von Bildern, Rahmen, Spielen, Gesten und Tonfällen, die in der Lage ist, die Matrizen nachzuweisen, die von den Systemcodes vorausgesetzt und auf Abstand gehalten werden. Sie schafft dies ganz ohne die Hilfestellung der Wissenschaft. Aber das muß nicht heißen, daß es nicht fruchtbar werden könnte, diesen künstlerischen Blick für die Ambivalenz von Attraktionen mit dem wissenschaftlichen Blick für den Kalkül der Anschluß suchenden Operationen zu kombinieren.

Dann könnte man mit der Künstlichen Intelligenz und dem Künstlichen Leben das Spiel von Hase und Igel spielen. Wo die künstlichen Systeme uns davonlaufen, wären wir immer schon mit einer Matrix zur Stelle, die die Fülle gesellschaftlicher Möglichkeiten diesseits unseres Vorkommens in der Matrix dieser künstlichen Systeme belegen. Wir würden ausweichen. Aber auch das weiß man aus der Systemtheorie: Daß nur die Verstärkung der Abweichung jene neuen Milieus generiert, in denen die Systeme sich reproduzieren können, ohne für andere und für sich selbst vorhersehbar zu werden. Einstweilen haben die Igel dem Hasen voraus, daß die Einführung des Systembegriffs Unvorhersehbarkeit schafft. Das gilt für die künstlichen Systeme. Aber es gilt eben auch für die organischen, psychischen und sozialen. Wir müßten Wirkungen schaffen, ohne uns dafür immer und ewig in den dazu passenden Ursachen rückzuversichern.

Über Verteilung und Funktion der Intelligenz im System

›Intelligenz‹ ist die Bezeichnung dafür, daß man nicht beobachten kann, wie es zustande kommt, daß das selbstreferentielle System im Kontakt mit sich selbst die eine und nicht die andere Problemlösung wählt.

(Niklas Luhmann [138: 158])

Die Kontinuität des Problems

Es ist für einen Soziologen nicht einfach, sich ein Bild vom Stand der Forschung im Bereich der Künstlichen Intelligenz zu machen. Die Literatur ist in einer dem Laien oft nicht zugänglichen technischen Sprache abgefaßt. Programmatik und tatsächliche Leistung sind schwer zu unterscheiden. Kritische Einschätzungen, an denen man sich entlangarbeiten könnte, finden sich in Hülle und Fülle, sind jedoch häufiger auf die Programmatik als auf den Stand der Dinge bezogen und wirken ihrerseits zuweilen nur unzureichend informiert. Weiterführende Problemidentifizierungen und Lösungsangebote erweisen sich als »wishful mnemonics« [178], die Forscher, Geldgeber und Kritiker gleichermaßen in die Irre führen. Man kann sich also leicht die Finger verbrennen, ohne daß das unbedingt auffallen müßte, und arbeitet sich dann an Problemstellungen ab, die sich als um so unbedeutender herausstellen, je mehr Klarheit man in ihnen gewinnt. Man versteht, was als Technik funktioniert, versteht jedoch nicht, was das ist, was da funktioniert.

In dieser Situation bietet es sich an, zunächst einmal zu fragen, ob Resonanz im Bereich der Künstlichen Intelligenz für soziologische Fragestellungen und umgekehrt im Bereich der Soziologie für Fragestellungen der Künstlichen Intelligenz vorhanden ist. Auf den ersten Blick sieht es nicht danach aus: Künstliche Intelligenz wird überwiegend als Maschinenintelligenz konzipiert, deren Vorbild eine dem Menschen zugeschriebene und eher in dessen Bewußtsein als irgendwo sonst aufzusuchende, aber auch dort nicht wirklich überzeugende Intelligenz ist. Und auch die Soziologie tut sich schwer, einen Intelligenzbegriff zu entwickeln, der die Dimension des Sozialen nicht nur als Steigerungs- und Reduktionsbedingung, sondern bereits als Konstitutionsbedingung von menschlicher Intelligenz in Anschlag bringen könnte. Dort, wo man als Außenstehender eine Verständigung zwischen Soziologie und Künstlicher Intelligenz vermuten würde, stößt man auf ein *kompensatorisches Verständnis von Intelligenz*, das entweder auf der Ebene von Technik sucht, was man auf der Ebene von Interaktion, Organisation und Gesellschaft vermißt, oder umgekehrt für Sozialität in Anspruch nimmt, was auf der Ebene von Technik nicht gelingt [57]. Aus einem solchen Vorgehen gewinnt man jedoch keine in beiden Bereichen einsatzfähigen Konzepte, sondern nur Enttäuschungen. Die Künstliche Intelligenz, so Alan Newell und Herbert Simon [186], wird mehr und mehr zum Synonym für jene aufwendigen Suchverfahren, mit denen man ein Problem angehen muß, wenn man nicht über die für dieses Problem erforderliche Intelligenz verfügt. Und soziale Intelligenz, so W. Ross Ashby [6], steht mehr und mehr für die Bedingungen der Kontinuierung der Schlechtanpassung des Menschen an seine terrestrische Umwelt.

Aber wahrscheinlich sollte man aus dieser Lage der Dinge nicht vorschnell darauf schließen, daß eine intensivere Auseinandersetzung zwischen Soziologie und KI-Forschung die Dinge schon richten würde. Denn es mangelt nicht nur an Verständigung zwischen diesen beiden in der Tat ja auch weitgehend inkompatiblen Disziplinen, deren eine sich eher für *Verfahren der Problemkontinuierung* interessiert, während die andere auf *Techniken der Problemlösung* abstellt. Gravierender ist, daß es kein den beiden Disziplinen vorgelagertes Verständnis von Intelligenz gibt, auf das man sich beziehen könnte, um dann – kontinuierend *und* lösend – am selben Problem arbeiten zu können. Sowohl die Psychologie wie die Kybernetik bieten, wenn man genauer nachfaßt, paradoxale Intelligenzbegriffe an, die zwar eine ganze Reihe von Einsichten in das enthalten, was da kontinuiert wird und über welche Lösungsmöglichkeiten man dazu verfügt, es aber offen lassen, worin das Problem eigentlich besteht. Einerseits hat Intelligenz etwas mit Assimilation, mit Anpassung eines Organismus an eine Umwelt zu tun; andererseits ist diese Assimilation nur als Akkomodation, als Anpassung des Organismus an seine eigene Anpassung an die Umwelt zu begreifen [196]. Einerseits ist klar, daß man von Intelligenz nicht reden könnte, hätte man es nicht mit einem zielorientierten Verhalten zu tun [5]. Andererseits liegt die Intelligenz weniger in der Zielorientierung als vielmehr in der Zielsetzung, also in der Fähigkeit, über Ziele zu disponieren [193]. Einerseits besteht Intelligenz in der Vermeidung der Zusammenbrüche der eigenen Operationen, andererseits erweist sie sich niemals kenntlicher als im Umgang mit solchen Zusammenbrüchen [259].

Wir fragen daher im folgenden erst einmal danach, worin das Problem bestehen könnte, auf das die Intelligenz eine Antwort darstellt. Wir fragen, woraufhin wir die Intelligenz beobachten müssen, wenn wir wissen wollen, worin das Problem besteht, das durch die im Bereich der KI diskutierten Lösungen kontinuiert wird. Wir fragen, was thematisiert wird, wenn Intelligenz thematisiert wird, und erwarten auf dieser Ebene eine Möglichkeit, unser Intelligenzverständnis konzeptionell so ausarbeiten zu können, daß sowohl die Soziologie wie die KI-Forschung, aber auch die Psychologie und die allgemeine Kognitionstheorie Einsatzpunkte erkennen, in die sie ihre jeweiligen Fragestellungen einklinken können.

Bereits bei einem ersten Literaturüberblick wird deutlich, daß im wesentlichen dreierlei thematisiert wird, wenn Intelligenz thematisiert wird, nämlich *Reflexivität*, *Rekursivität* und *Paradoxieentfaltung*: Intelligenz erweist sich nicht im Zugang auf etwas, sondern in der reflexiven Brechung der

Unmittelbarkeit jeden Zugangs [63]. Intelligenz ist Kognition, das heißt rekursive Berechnung von Berechnungen [253]. Und Intelligenz beobachtet Identitäten im Hinblick auf die Unterscheidungen, denen sie sich verdanken, das heißt auf die paradoxiehaltige Form der Einheit des Verschiedenen hin [151]. In der Kognitionswissenschaft scheint sich gegenwärtig der Eindruck durchzusetzen, daß diese drei Leistungen der Intelligenz aufeinander aufbauen und daß ihre Einheit in dem besteht, was W. Ross Ashby [5] als ›appropriate selection‹ bezeichnet: als in irgendeinem Sinne angemessene *Auswahl aus Möglichkeiten*. Und ferner scheint sich als Tendenz der Forschung anzudeuten, daß man diesen Leistungen der Intelligenz nicht am Leitfaden der Repräsentation, sondern der *Konstruktion von Welt* auf die Spur kommt.

Wir werden uns im folgenden auf diese drei Punkte der Reflexivität, Rekursivität und Paradoxieentfaltung konzentrieren und uns fragen, inwieweit diese drei Punkte es erlauben, so etwas wie *die Intelligenz der selektiven Konstruktion von Welt* zu rekonstruieren [172]. Dabei gehen wir davon aus, daß jede Selektion bestimmte Möglichkeiten erschließt und andere, noch unbestimmte und vielleicht erst aufgrund dieser Selektion zu bestimmende Möglichkeiten ausschließt. Intelligent wäre es daher, in jeder Hinsicht irritabel zu agieren, sowohl bei der Bestimmung durch Einschluß als auch bei der Bestimmung durch Ausschluß.

Wir verzichten im folgenden darauf, Intelligenzbegriffe, wie sie in der Informatik und in der Psychologie entwickelt wurden, im einzelnen daraufhin zu untersuchen, was sie einschließen und was sie ausschließen, denn noch ist unklar, worin die Perspektive einer solchen Untersuchung bestünde. Statt dessen entwickeln wir unter fallweisem Rekurs auf informatische, psychologische und soziologische Einsichten einen Intelligenzbegriff, der systemtheoretisch und differenztheoretisch gearbeitet ist und sich, wenn man denn eine Zuordnung braucht, dem durchaus nicht einheitlichen Feld der Kognitionswissenschaften zuordnen läßt. Wir werden zunächst einigen systemtheoretischen und kognitionstheoretischen Voraussetzungen eines Intelligenzbegriffs nachgehen und dann einen Vorschlag vorstellen, Intelligenz als das Rechnen mit Nichtmarkierungen zu verstehen. Es wird sich zeigen, daß ein solches Intelligenzverständnis nur mit einer Verteilung der Intelligenz im System kompatibel ist – was auch ein gewisses Licht auf das Phänomen der Intellektualität zu werfen erlaubt. Die selbstreferentielle Auslenkung der Operationen eines sozialen oder psychischen Systems auf die Fremdreferenzen des Systems erweist sich als Funktion der Intelligenz. Wir beschließen diese Überlegungen mit einem Plädoyer für eine wechselseitige Medialisierung im Verhältnis von KI-Forschung und Soziologie.

Die Einführung des Beobachters

Es ist eine Sache, die Beschreibungsanforderungen an Intelligenz ins Unerfüllbare hochzutreiben, und eine ganz andere, eine ›appropriate selection‹ anzugeben, mit der man dann noch weiterkommt. In der Informatik und Robotik kann man versuchen, eine Maschine zu konstruieren, die so nichttrivial ist, daß es lohnt, sie jenem Erziehungsprogramm zu unterwerfen, das Alan Turing [228: 99 ff.] in Aussicht gestellt hat, und andererseits so trivial, daß man mitvollziehen kann, was und wie sie lernt. In der Soziologie steht diese Vorgehensmöglichkeit nicht zur Verfügung, da man es im Bereich der sozialen Intelligenz mit *Mischungsverhältnissen von Trivialität und Nichttrivialität* zu tun hat, die nicht nach der einen oder der anderen Seite hin aufzulösen sind. Im Bereich des Sozialen hat man es mit Nichttrivialmaschinen zu tun, die sich trivialisieren, ohne jemals trivial zu werden. Die Komplexität, die hier anfällt, ist nur mit Hilfe von Theoremen zu veranschaulichen, die jede externe Berechenbarkeit in Abrede stellen [243: 233 ff.]. Jedes Verständnis, das hier zu gewinnen ist, läßt sich nur gewinnen, wenn man sich auf die Beschreibung der Interaktion von Black Boxes einläßt [68]. Und natürlich gilt dies, wie man seit Turings

›Imitationsspiel‹ wissen kann [228: 149 ff.], auch für das Verhältnis von Mensch und intelligenter Maschine, deren ›Intelligenz‹ ausschließlich ein Produkt der Zuschreibung durch den mit ihr interagierenden Menschen ist und sich als dieses Produkt einer Zuschreibung weder der Maschine noch dem Menschen, sondern ihrer Interaktion oder eben ihrer Kommunikation, verdankt.

Die Selektion, die wir vornehmen, um dem Phänomen der Intelligenz auf die Spur zu kommen, ist *die Einführung des Beobachters*. Wir agieren ja bereits als Beobachter, wie sonst, und halten dies nur fest, indem wir ihn als Joker mit in unsere Überlegungen aufnehmen. Wir schließen den nach wissenschaftlichen Objektivitätsstandards normalerweise ausgeschlossenen Beobachter ein. Wir können uns nicht auf die Beobachtung extrasozialer oder extraterrestrischer Intelligenzen (welcher?) beschränken, wir können als Soziologen nicht in die Psychologie ausweichen und wir können uns auch nicht auf eine Art Naturbegriff der Intelligenz verlassen, der der Geometrie, der Mathematik oder der Logik, der Physik, der Chemie oder der Biologie abzulauschen versucht, was Intelligenz sein könnte. Wir müssen ›uns‹, psychische und soziale Systeme, dabei beobachten, *wie Intelligenz beobachtet wird*, wenn wir wissen wollen, was Intelligenz ›ist‹. Damit haben wir, Paul E. Weston und Heinz von Foerster folgend [253], eine wichtige Entscheidung getroffen. Wir sprechen jetzt nicht mehr von *der* Wirklichkeit, die es zu erkunden gilt, um herauszufinden, was ihr gegenüber Intelligenz oder intelligentes Verhalten sein könnte. Sondern wir sprechen von *einer* Wirklichkeit, denn nur so können wir sicher sein, daß wir es mit der Wirklichkeit eines Beobachters zu tun haben und diesen beobachten müssen, um herauszufinden, was für ihn Wirklichkeit ist und wie er sich diese Wirklichkeit erschließt und verstellt. Wir unterlaufen damit jede strikte Subjekt/Objekt-Unterscheidung und plazieren unsere Fragen genau da, wo sich Intelligenz entfalten läßt: *in der Differenz zwischen einem Beobachter und einer Wirklichkeit*. Wir situieren unsere eigenen Fragen auf der

Ebene der Beobachtung zweiter Ordnung und rechnen daher damit, daß das, was wir über den Beobachter sagen, auch über ›uns selbst‹ gesagt werden können muß.

Wir führen, mit anderen Worten, eine Systemreferenz ein, auf die hin sich intelligentes Konstruieren einer Realität beobachten läßt: die *Referenz auf ein beobachtendes System*, das wir selber sein können: ›wir selber‹ als psychische Systeme im Selbstkontakt, als Benutzer eines Computers oder auch, wie hier, als das soziale System der wissenschaftlichen Anfertigung von Hypothesen und Korrekturen zur Soziologie der Künstlichen Intelligenz. Die Konsequenzen dieses Vorgehens sind weitreichender Art, denn wir müssen jetzt alle Unterscheidungen, die die Intelligenz eines beobachtenden Systems ausmachen, diesem selbst zurechnen. In allen Dimensionen, in denen ein System intelligent ist, verdankt es diese Intelligenz sich selbst. Wir können es nicht von außen mit Intelligenz versorgen. Gleichzeitig jedoch heißt das nicht, daß wir damit eine Adresse gefunden hätten, an die wir alle Fragen nach der Intelligenz richten könnten. Denn die Intelligenz liegt nach wie vor *nicht im System, sondern in einer bestimmten Handhabung der Differenz zwischen System und Umwelt durch das System*. Wir haben eine Adresse – und sehen uns auf eine Differenz verwiesen, ein ›Interface‹, wenn man so will.

Die Referenz für die Frage nach der Intelligenz ist ein beobachtendes System. Für alles weitere ist daher entscheidend, wie wir dieses beobachtende System verstehen. Wir folgen auch hier Weston und von Foerster und verstehen unter Beobachtung *Kognition* und unter einem System ein *operational geschlossenes System*. Im Hintergrund dieser Begriffsfassung können sowohl die phänomenologischen Überlegungen von Edmund Husserl [94: 71 f.] stehen, der das Bewußtsein als »eine offen-endlose und doch in sich abgeschlossene Seinssphäre (...), mit ihren eigenen Formen einer ›immanenten‹ Zeitlichkeit« beschreibt, als auch die neurophysiologische Entdeckung des Prinzips der undifferenzierten Codierung [243: 56], nach dem Nervenzellen nicht etwa Sensoren für Informationen sind, sondern Sensoren für Störungen, aus denen aufgrund interner Berechnungen Informationen errechnet werden. Die ›offene Endlosigkeit‹ Husserls ist die Rekursivität der Operationen des Systems, das seine eigenen Operationen dazu nutzt, sich eine Wirklichkeit zu errechnen, die es sich nur aufgrund eigener Operationen errechnen kann. Das System ist, so von Foerster, sogar *doppelt geschlossen*: auf der Ebene seiner Operationen und auf der Ebene der Organisation dieser Operationen [243: 45 ff.]. Es ist von sich selbst abhängig im Hinblick auf die Realität, die es sich errechnet, und im Hinblick auf die Art und Weise, wie es sich diese Realität errechnet. Von außen ist das nicht mehr zu durchschauen, aber von innen bietet es die Möglichkeit, die eine Ebene als die andere zu nehmen und dadurch eine Komplexität zu erreichen, deren einzige Stabilitätsbedingung in dieser rekursiven Abhängigkeit von sich selbst liegt und deren Überlebensbedingung daher in der Gewährung von Autonomie liegt, diesen Regulationsmodus auch selbst regulieren zu können.

Im Medium der Unterbrechung

Kognition ist demnach eine Angelegenheit rekursiver Berechnung von Berechnungen, die sich selbst dadurch ermöglicht, daß sie Störungen aufgreift, die Anlässe für weitere Berechnungen sind. Kognition ist Autopoiesis [175], Reproduktion in einer Umwelt, und strittig ist nur, ob man bereits das Stattfinden der das System reproduzierenden Operationen als Kognition bezeichnen soll oder nur solche Operationen der Störfallbearbeitung, die dem System über Unterbrechungen hinweghelfen [231; 259]. Aber ist das eine nicht bereits das andere? Ist nicht jede Operation die Bewältigung einer Unterbrechung, jede intelligente Operation ein debugging, das seinerseits nur möglich ist, weil man clutches einbaut, die man einstweilen auf sich beruhen läßt? Müssen nicht Störungen gesucht und gefunden werden, wenn keine auftreten, damit das System Anlässe für die Reproduktion seiner Operationen bekommt? Wäre die vollkommene Abschirmung nicht das Ende des Systems? Eine Minimalbedingung für Kognition scheint, mit anderen Worten, darin zu liegen, daß das System zumindest zwischen seinen Operationen und deren Unterbrechungen unterscheiden kann, damit es aus letzteren erstere gewinnen kann. »Ainsi la rupture du cercle de l'*Innenwelt* à l'*Umwelt* engendre-t-elle la quadrature inépuisable des récolements du *moi*,« heißt es bei Jacques Lacan [116: 94]. Jedes Bewußtsein ist »Bewußtsein einer Störung«, so Gadamer [63: 226].

Offensichtlich muß ein beobachtendes System also mindestens zwischen sich und allem anderen unterscheiden können. Es muß seine Operationen sich selbst und Störungen seiner Umwelt zurechnen können, selbst wenn diese Zurechnung nichts anderes als eine interne Operation ist. Es muß also mindestens *zwischen Selbstreferenz und Fremdreferenz unterscheiden* können und diese Unterscheidung, paradox genug, nicht anders als selbstreferentiell handhaben können [13: 290 ff.]. Niklas Luhmann schlägt vor, Husserls Begriff der Intention in diesem Sinne als Einheit der Differenz von Selbstreferenz und Fremdreferenz zu bestimmen und die intentionale Operation als eine Operation zu beschreiben, die sich reproduziert, indem sie zugleich, das heißt unreduzierbar und wechselseitig unbeeinflußbar alternativ, sowohl auf sich wie auf anderes zurechnen kann [147; 139].

Dieser Sachverhalt sei gemeint, wenn wir im folgenden davon sprechen, daß ein beobachtendes System sich *im Medium seiner Unterbrechungen* reproduziert. ›Ordnung durch Störung‹ ist die auf diesen Sachverhalt gemünzte Formulierung Heinz von Foersters [243: 225 ff.]. Kognitionen wollen wir alle jene Beobachtungsoperationen des Systems nennen, in denen die Differenz zwischen Selbstreferenz und Fremdreferenz eine Spur hinterläßt. Und Spur verstehen wir im Sinne von Jacques Derrida als ›différance‹, als ›Formation der Form‹ oder ›mediale Form‹, als eine nur vorläufig oder rückläufig entscheidbare Unentscheidbarkeit, in die sich eintragen kann, was dann noch möglich ist [35; 110; 34: 34]. Die Frage ist jedoch, wie sich diese Unterbrechungen verstehen lassen, wenn ihre Identifizierung nur über eine selbstreferentielle Operation, und zwar eine selbstreferentielle Operation der Zurechnung von Fremdreferenz laufen kann. Denn genau hier, auf der Ebene nicht nur der Bewältigung, sondern des wie immer gezielten (›appropriate‹) Umgangs mit Unterbrechungen, entscheidet sich auch die Frage der Intelligenz. Intelligenz ist offensichtlich eine spezifische Form nicht nur der Unterscheidung, sondern der Relationierung von Selbstreferenz und Fremdreferenz. Aber was heißt das?

Der Begriff der Relationierung ist operativ unklar, denn er postuliert Relationen zwischen Elementen, denen diese Relationen äußerlich sind, die jedoch gleichwohl durch diese Relationen relationiert werden, wobei diese Relationen ihrerseits, solange man die Unterscheidung von Element und Relation aufrechterhält, keine Elemente sein können [12]. An die Stelle der Differenz von Element und Relation setzen wir daher den Begriff der *Operation*, die beides sein kann: Operand (die Relation als Element) und Operator (das Element als Relation). Und an die Stelle des nur scheinbar unproblematischen Begriffs der Relationierung setzen wir den das Problem benennenden Begriff des operativen Wiedereintritts einer Unterscheidung in den Bereich des von ihr Unterschiedenen. Das heißt, wir formulieren das Problem als Selbstreferenzproblem.

Der Begriff des *Wiedereintritts* (›re-entry‹) stammt aus dem Indikationenkalkül von G. Spencer Brown [226]. Jede Bezeichnung wird dort als Operation einer Unterscheidung bestimmt, die etwas im Unterschied zu unbestimmt anderem bestimmt. Als *Form der Unterscheidung* gelten dann beide Seiten der Unterscheidung zusammen, also die durch die Bezeichnung markierte und die unmarkierte Seite. Auf einer ersten Ebene des Kalküls, auf der es um Ausdrücke erster Ordnung geht, wird eine Bezeichnung vorgenommen, indem der Aufforderung gefolgt wird, eine Unterscheidung zu treffen. Dort ist jede Unterscheidung nichts anderes als ein ›cross‹. Ein ›cross‹ wird durch weitere Unterscheidungen entweder bestätigt oder durch die Anweisung, wieder zurückzukreuzen, aufgehoben. Auf einer zweiten Ebene des Kalküls, auf der es um Ausdrücke zweiter Ordnung geht, kann der Wiedereintritt der Unterscheidung in den Bereich des von ihr Unterschiedenen stattfinden. Hier geht es nicht mehr nur darum, die Aufforderung zu einer Unterscheidung zu befolgen. Sondern hier kann, zusätzlich und statt dessen, je nachdem, die Form der Unterscheidung zugleich beobachtet, also ihrerseits unterschieden werden. Die Unterscheidung ist nicht mehr ›cross‹, sondern ›marker‹: Man sieht jetzt die Markierung *im Verhältnis zur Nichtmarkierung*, die Bestimmung als Unterscheidung des Verschiedenen, die Identität als Paradoxie. »Simple and odd«, würde Auguste Dupin [199: 975] das vielleicht kommentieren.

Der entscheidende Punkt ist, daß diese Unterscheidung der Form der Unterscheidung erst auf einer Ebene von Ausdrücken zweiter Ordnung, und das heißt: *innerhalb unendlicher Ausdrücke*, möglich ist. Damit ist eine Operationsebene bezeichnet, die nicht mehr auf ihren Anfang oder ihr Ende, sondern nur noch auf ihre Rekursivität hin beobachtet werden kann. Nur auf dieser Ebene gibt es Reflexion, denn nur hier ist die Bezeichnung einer Unterscheidung durch sich selbst möglich. Nur auf dieser Ebene treten Paradoxien auf, die allerdings auch nur auf dieser Ebene mit Hilfe der Einführung einer Unterscheidung als drittem Wert gegenüber den beiden Seiten der Unterscheidung, die als Identität des Verschiedenen sichtbar werden, entfaltet werden können. Der Kalkül begründet sich selbst. Und er begründet sich als die von einem Beobachter an einen Beobachter ergehende Aufforderung, eine Unterscheidung zu treffen.

Was heißt Rechnen?

Reflexivität, Rekursivität und Paradoxieentfaltung, unsere drei Markierungen für Intelligenz, setzen demnach einen Operationsmodus voraus, in dem nicht nur Bezeichnungen verrechnet werden, also Bezeichnungen an Bezeichnungen anschließen, sondern in dem die Unterscheidung, die eine Bezeichnung ermöglicht, in den Bereich des Bezeichneten wiedereintreten kann. Das aber heißt, es handelt sich um einen Operationsmodus, in dem auch die Nichtmarkierung und auch die Unterscheidung selbst verrechenbar werden. Da die Unterscheidung jedoch auf der Ebene der Operationen des Kalküls mit der Bezeichnung identisch gesetzt wird, können wir kürzer formulieren, daß Intelligenz ein Operationsmodus ist, der *nicht nur Markierungen, sondern auch Nichtmarkierungen rechenfähig macht.* Unter diese Nichtmarkierungen fällt immer auch die Unterscheidung selbst (die Startbedingung des Kalküls), die ja in dem Moment, in dem sie getroffen wird, um eine Bezeichnung vorzunehmen, ihrerseits nicht bezeichnet wird.

Wir vermuten, daß sich der Großteil der bisherigen Versuche, Intelligenz zu operationalisieren, darauf konzentriert hat, Intelligenz als das *Rechnen mit Markierungen* zu rekonstruieren. Das gilt für die ersten Ansätze der Kalkülisierung operativen, und das heißt hier: ›blinden und tauben‹, Symbolgebrauchs bei Leibniz [112], und das gilt noch für die Einführung der Turingmaschine auf der Grundlage von Algorithmen, das heißt formalisiertem, also ausschließlichem, Regelgebrauch [90]. Demgegenüber wurde das *Rechnen mit Nichtmarkierungen* vernachlässigt, wenn es überhaupt je als eine Möglichkeit in Betracht gezogen wurde. Nichtmarkierungen erschienen und erscheinen als das Terrain der Mystik, der Rhetorik, der Ideologiekritik und der Psychoanalyse, heute zunehmend auch einer Ökologie des Wissens um Nichtwissen, dem ein positivistisches, rationalistisches und objektivistisches Interesse an operativ vertretbaren Problemlösungen auch dann aus dem Weg zu gehen hat, wenn Positivismus, Rationalismus und Objektivismus wissenssoziologisch längst auf den Wiedereinschluß dessen hin, was sie auszuschließen prätendieren (vor allem: die Konstruktion einer Tatsache durch eine von einem Beobachter gewählte Unterscheidung), beobachtet worden sind. Denn das Rechnen mit Markierungen kann der jederzeit operationalisierbaren Regel des Tertium Non Datur folgen, während eine Operationalisierung des Tertium Datur, die von einem Rechnen mit Nichtmarkierungen zu fordern wäre, noch aussteht beziehungsweise mit ›imaginären Werten‹ [226: 56 ff.] arbeitet, denen die traditionelle Logik schon deswegen ihr Plazet verweigert, weil dies eine Einführung der Zeit in die Logik mit sich bringen würde.

Einer der wenigen Versuche, Nichtmarkierungen in der Form von Leerstellen (Kenogrammen) kalkülfähig zu machen, findet sich in den morphogrammatischen Überlegungen von Gotthard Günther [79: 109 f.], in denen nach den Strukturen gefragt wird, die der Manifestation von Wahrheitswerten zugrunde liegen. Hier zeigt sich, daß ein Versuch, mit Leerstellen zu rechnen, im Zentrum des kybernetischen Problems der Reflexion liegt und mit der klassischen Logik, die eine Logik des reflexionslosen Seins ist, nicht gehandhabt werden kann. Die klassische Logik hat schon für die Wiederholung, ohne die ein rekursives Rechnen nicht möglich ist, keinen Platz. Tatsächlich führt Günther sein Leerstellenkalkül [78: 226] genau dort ein, wo wir ihn nach der Beschreibung der Figur des Wiedereintritts durch Spencer Brown erwarten müssen: dort nämlich, wo eine Unterscheidung ihrerseits unterschieden werden kann (der Operator als Operand) oder das, was unterschieden wurde, seinerseits als eine Unterscheidung Verwendung finden kann (der Operand als Operator). Rechnen mit Leerstellen heißt dann Rechnen innerhalb einer ›proemiellen Relation‹, innerhalb derer *jede Bezeichnung symmetrisch gegen eine andere Bezeichnung ausgetauscht* oder *asymmetrisch einer anderen Bezeichnung über- oder untergeordnet* werden kann.

Es kann nicht schaden, daran zu erinnern, daß man in der *Tradition der Rhetorik* im Fall des symmetrischen Austausches von einer Metonymie und im Fall der asymmetrischen Über- und Unterordnung von einer Metapher spricht. Was man mit Hilfe des Güntherschen Leerstellenkalküls als Rechnen mit Nichtmarkierungen im Spencer-Brownschen Sinne, also als Intelligenz beschreiben kann, ähnelt somit ältesten diskursiven Verfahren. Mit Kenneth Burke [25] kann man dann auch darauf hinweisen, daß das resymmetrisierende, Unentscheidbarkeiten einführende metonymische Verfahren sowohl das der Poesie wie das der Wissenschaft ist, während das metaphorische Verfahren darauf zielt, Perspektiven durch eine symmetriebrechende Verschiebung allererst zu etablieren. Poesie und Wissenschaft pflegen den Austausch der Konzepte, die Einführung ›inkongruenter Perspektiven‹. Alle jene ›Diskurse‹ hingegen, deren Untersuchung Michel Foucault sein Lebenswerk gewidmet hat, die Diskurse des Ausgrenzens, Bestrafens und Heilens und noch der Diskurs der Sexualität, rekurrieren auf Metaphern, die die Markierungen um so sicherer verankern, je verläßlicher auch nichtmarkiert bleibt (zum Beispiel im Geheimnis abgeschirmt wird), was damit gemeint ist. Es ist dann nicht verwunderlich, daß Foucault seinen Diskursbegriff auf die Einheit der Differenz von Wissen und Macht abstellt [60: 39] und jede Intelligenz hier darauf beruht, die Differenz von Markierung und Nichtmarkierung (also die Form der Unterscheidung) durch ein Wissen zu besetzen, das in dem Maße zur Macht wird, in dem es sich nur von der Markierung her, nicht von der Nichtmarkierung her beobachten läßt und somit die Überschreitung nur in der einen, der metaphorischen Richtung zugelassen wird. Dem stellen sich die poetische und die wissenschaftliche Beobachtung entgegen, die über dem Austausch der Konzepte und der dadurch geleisteten positiven Kritik der Arbitrarität dem Nichtmarkierten wieder zu seinem eigenen Recht verhelfen. Doch erst beide zusammen, das metaphorisch ordnende und das metonymisch austauschende Verfahren, beschreiben jene Optionen des Umgangs mit Wissen, die man heute unter den Begriff der Auflösung und Rekombination bringt.

Und auch eine *Erinnerung an die Psychoanalyse* ist hier am Platz. Jacques Lacan [117: 273 ff.] formuliert in seiner Beschreibung der Stellung des Subjekts in der Topik des Unbewußten, daß erst das Risiko der Metaphorisierung, der

Überschreitung eines *signifiant* auf einen *signifié*, jenen Boden gewinnt, auf dem dann metonymisch der Austausch der *signifiants* in Angriff genommen werden kann. Der Symmetriebruch etabliert das System, die Resymmetrisierung ermöglicht die Beobachtung seiner Form. Und diese Beobachtung ist die Beobachtung des Unbeobachtbaren: der Latenz, des Unbewußten, der Umwelt.

Damit sind wir dort, wo wir hin wollen, nämlich dort, wo die doppelte Schließung der Operationen und der Organisation der Operationen auf dem Spiel steht und wir jede Operation sowohl als Operand wie als Operator betrachten können. Aber wo sind wir? Und was heißt hier noch Rechnen? Um eine einfache Arithmetik kann es sich nicht mehr handeln, »since the excursion to infinity undertaken to produce it has denied us our former access to a complete knowledge of where we are in the form« [226: 58].

Und was heißt jetzt noch Intelligenz? *Sprach- und Kontextorientierung* ist das Mindeste, was wir für sie fordern müssen, um ihr den Austausch und die Ordnung zugänglich zu machen: Nur in der Sprache kann man sich vorstellen, Ziele nicht nur zu verfolgen, sondern auch über sie zu disponieren. Und nur der Blick auf Kontexte sichert, daß fallweise zwischen Text und Kontext, zwischen den Operationen und ihren Voraussetzungen und Konsequenzen, unterschieden werden kann. Entscheidend jedoch ist die Wiedereinführung der Sprach- in die Kontextorientierung und der Kontext- in die Sprachorientierung. Die Kontextorientierung sichert die Disposition über Ziele ebenso, wie die Sprachorientierung die Unterscheidung zwischen Text und Kontext in jedem einzelnen Fall auch wieder auflöst. Als intelligent erscheint jenes Verhalten, das beide Möglichkeiten miteinander kombiniert. Oder einfacher gesagt: Ein Beobachter schließt immer dann auf Intelligenz, wenn er es mit einem Verhalten zu tun hat, das Entscheidungen zugerechnet werden kann, die Situationen der Unentscheidbarkeit auflösen. Intelligenz ist das Abgreifen der Unentscheidbarkeit an einem System, das seine Entscheidungen längst getroffen hat, und dies zum

Zweck der Beobachtung der Entscheidungen im Spiegel der Unentscheidbarkeit.

Wir haben es folglich immer dann mit Intelligenz zu tun, wenn Möglichkeiten der Beobachtung der Form der Unterscheidung, der Paradoxie der Einheit des Verschiedenen, genutzt werden. Intelligenz heißt Konfrontation mit den Optionen einer proemiellen Relation, also des symmetrischen Austausches oder der asymmetrischen Ordnung. Vor dem Hintergrund dieser Überlegungen kann man dann auch soziologisch Intelligenz nicht nur wie Talcott Parsons und Gerald M. Platt [192: 100] als generalisiertes Austauschmedium beschreiben, sondern zugleich auch als ein generalisierbares Ordnungsmedium der Unter- und Überordnung, wenn man dabei mitdenkt, daß jeder Austausch Optionen einer Ordnung wahrnimmt und jede Ordnung den Austausch nahelegt. Beides zusammen, die Ordnung und der Austausch, läßt sich nur im Rahmen einer Heterarchisierung der Hierarchie [177], nur im Rahmen jener strange loops in tangled hierarchies [93] denken, deren Kennzeichen das seinerseits paradoxe, nur durch Ausweichen in die Gleichzeitigkeit des Verschiedenen mögliche sequentielle Operieren im Medium des Widerspruchs ist.

Mit der Bezeichnung der Intelligenz als *Medium des Austauschs und der Ordnung kognitiver Operationen* ist gesagt, daß sie zwar in Anspruch genommen werden und daß auf sie zugerechnet werden kann, daß sie aber ihrerseits keine Form gewinnt, die sich festhalten, verknüpfen und sequenzialisieren ließe. Intelligente Operationen sind kognitive Operationen im Medium der Intelligenz, das heißt, sie nehmen Intelligenz in Anspruch, ohne daß nachgerechnet werden könnte, wie ihnen das im einzelnen gelungen ist. Unsere Logik reicht dazu nicht aus. Nur die einzelne Operation gewinnt eine Form, die sich nachzeichnen läßt. Aber da diese Operation nichts ist ohne das rekursive Netzwerk der Verweisungen, innerhalb derer sie operiert, führt diese Nachzeichnung nicht sehr weit und läßt genau das im Dunkeln, worauf es uns jeweils ankommt. »If it is any point requiring reflection (...)

we shall examine it to better purpose in the dark,« sagt M. Dupin bei Edgar Allan Poe [199: 975]. Das Medium zerfällt gleich wieder, kaum wird es in Anspruch genommen [87]. Es läßt sich nicht in die Form der festen Kopplung bringen, ohne genau dadurch seine Medieneigenschaft zu verlieren.

Intelligenz läßt sich nur erschließen. Sie setzt einen Beobachter voraus, der selber nicht unbedingt intelligent sein muß, in jedem Fall jedoch nur in den Augen eines weiteren Beobachters intelligent sein kann, für den dasselbe gilt. Intelligenz *ist der Trumpf, den man immer nur anderen zuspielen kann.* Sie setzt Sozialität voraus, und zwar eine konkrete, sich immer wieder zurücknehmende, auf die Beobachtung von Beobachtern als Beobachter abstellende, Selbstreferenz einräumende (und zwar: Raum im Sinne von zeitgebende) Sozialität. Intelligenz ist ein Moment jenes Spiels mit der Form, in dem Bezeichnungen, Unterscheidungen und Formen immer nur temporären Halt gewähren und die intelligente Operation jene ist, die sich vor dem Absturz abfängt. Wie das Gehen.

Wissen um Nichtwissen

Eine der Konsequenzen des vorgestellten Intelligenzverständnisses ist, daß es sie nur als verteilte gibt. Intelligenz ist das Produkt einer *Verteilung von Markierung und Nichtmarkierung, von Wissen und Nichtwissen*, die darin ihre Pointe hat, daß von einem Nichtwissen auf ein Wissen geschlossen wird. Die Zurechnung von Intelligenz ist die Zurechnung eines Beobachters, der dort nicht weiß, wo ein anderer weiß. Das einzige Wissen, das diese Intelligenzzurechnung erfordert, ist das Wissen um das eigene Nichtwissen. Aus der philosophischen Tradition weiß man, das dies kein selbstverständliches Wissen ist. Man muß mit Ironie konfrontiert worden sein, jenem konkurrenzlosen Verfahren, das ›Nichts‹ zu setzen [105: 275] und jedem Bewußtsein ein Nichtbewußtsein, jedem Wissen ein Nichtwissen zu opponieren. Die Romantiker hatten aus diesem Verfahren auf die Möglichkeit geschlossen, im Nichtwissen *besser* zu wissen [18: 60 f.], doch würde man dieses ›besser‹ heute streichen und an seine Stelle Verteilungseffekte sowohl sachlicher wie zeitlicher und sozialer Art setzen, die immer dann das Medium der Intelligenz in Anspruch nehmen, wenn von einem Nichtwissen auf ein Wissen, ein andernorts vorfindbares Wissen, ein früheres oder späteres Wissen, ein Wissen anderer Beobachter geschlossen wird.

Intelligenz, hieße das, ist die Form gewordene Vermutung, daß der ›Geist‹ – wie Jean-Paul Sartres Venedig [210] – immer woanders ist. Aber das ist eine Form, die Recht und Unrecht zugleich hat, denn sie fordert zwar auf, jene Zurechnung vorzunehmen, die Intelligenz produziert, verstellt aber, daß man selbst es ist, der diese Zurechnung vornimmt. Allerdings versteht man jetzt, was es mit dem in der Moderne so rätselhaften Phänomen des Intellektuellen auf sich hat. Denn der Intellektuelle ist gerade nicht derjenige, der es primär mit Intelligenz zu tun hat, sondern vielmehr derjenige, der *die Form* der Intelligenz ausbeutet, indem er *sich* als denjenigen wählt, insinuiert und verbirgt, der die Zurechnung auf andere vornimmt und daher derjenige ist, der die Intelligenz allererst produziert. Der Intellektuelle *schließt sich als denjenigen ein*, der die Zurechnung von Intelligenz vornimmt und daher ausgeschlossen ist von dem, was Intelligenz ist. Intelligenz nimmt für den Intellektuellen weniger die Form des Wissens als vielmehr die Form der Zurechnungsvirtuosität an, denn nur die kann er sich selber zurechnen. Mit Paul de Man könnte man sagen, daß der Intellektuelle die Allegorie gewordene Ironie ist: die Entfaltung der Operation der Setzung des ›Nichts‹ in ein System aufeinander verweisender Zeichen [33: 225 ff.].

Doch abgesehen vom Phänomen der Intellektualität, dieser vielleicht notwendigen und marginal pathologischen Version verteilter Intelligenz, die nur aus der Selbstverstrickung eine wie immer trügerische Freiheit der Kontingenz gewinnen zu können meint, und die durch nichts gefährdeter ist als durch ein ›Etwas‹, das an die Stelle des nur noch ›Entschlossenheit‹ bietenden ›Nichts‹ tritt, abgesehen also von diesem Phänomen ist die Intelligenz der schlagende Beweis gegen jeden Solipsismus. Es gibt sie nur als verteilte – und dies vorzuführen ist unter Umständen die Funktion des Spektakels der Intellektualität. Das hat die Intelligenz mit der Liebe gemeinsam. Während die Liebe jedoch auf Symmetrie setzt (ich weiß von dir, was du von mir weißt) und sich durch jede Asymmetrie ruiniert (wobei, wie wir von Alois Hahn [82] wissen und bei Lacan überprüfen können, die Symmetrie eine Fiktion ist, die von einer latenten Asymmetrie getragen wird), *erfordert die Intelligenz die Asymmetrie und ruiniert sich durch jede Symmetrie.* Die Asymmetrie der Intelligenz liegt in ihrem Schluß von einem Nichtwissen auf ein Wissen, von Peirce auch ›Abduktion‹ genannt. Jede Symmetrisierung würde entweder zu einem Verfahren des Schließens von Wissen auf Wissen, also zu herkömmlichen ›Algorithmen‹, oder zu einem Verfahren des Schließens von Nichtwissen auf Nichtwissen, also zu einem wie immer ›weisen‹ und insofern unter Umständen auch formbildenden Obskurantismus führen. Die Intelligenz postuliert die Asymmetrie und kann dann, wenn man selbst nicht weiß, auch Algorithmen intelligent verwenden, oder dann, wenn man ›Weisheit‹ für ein Wissen hält, auch aus dem Obskuren den Funken der Intelligenz schlagen.

Aber das sind Ausnahmefälle, die allerdings möglicherweise regelmäßiger vorkommen, als man denken würde. In der Regel – aber vielleicht ist dies schon längst die Ausnahme – kann man Intelligenz genau dort erwarten, wo dies auch ein bestimmter Zweig der Informatik tut: im distributed problemsolving [209]. Dabei kommt es auf die Asymmetrie von Problem (oder Nichtwissen) und Lösung (oder Wissen) ebenso an wie auf das Verhältnis der Rekursivität zwischen Nichtwissen und Wissen. Nur dann ist Intelligenz verteilte Intelligenz, und zwar: *im System verteilte Intelligenz.* Die Informatik greift auf das Konzept der losen Kopplung zurück, um sich beides, Differenz und Rekursivität, vorstellen zu können [224], und auf das Konzept einer »expectation-driven communication« [30], um sich vorstellen zu können, wie sich der Schluß von einem Nichtwissen auf ein Wissen motiviert, der ja voraussetzt, daß man um sein eigenes Nichtwissen weiß.

Gotthard Günther hat bereits darauf aufmerksam gemacht, daß mit diesem Konzept der Verteilung von Wissen und Nichtwissen ein Verlust der Vorstellung des *einen* Objekts einhergeht, das ja nun ein Objekt gewußten Nichtwissens *und zugleich* ein Objekt möglicherweise nichtgewußten Wissens ist [77: 264 f.]. Und dieser Verlust des einen Objekts wiederum impliziert einen Verlust der Wahr/Falsch-Unterscheidung, mit der sich ein Subjekt sein eigenes Wissen als möglichen, aber beruhigenderweise aufklärbaren Irrtum vorstellte beziehungsweise vorstellen lassen mußte und nicht, wie jetzt, als beunruhigendes Nichtwissen. Intelligenz, verstanden als verteilte Intelligenz, bedeutet demnach, komplementäre Objektwahrnehmungen zu unterstellen und die Wahr/Falsch-Unterscheidung allenfalls als Supplement des Austausches und der Ordnung des Komplementären zu handhaben, als Simplifikation, die die Dynamik der Verteilung in Gang setzt, auf die es ankommt, und zugleich die Polemik entschärft, die in der Verteilung verborgen ist.

Mit all dem wird Intelligenz zum Synonym für Systembildung, denn auch das System ist nichts anderes als ein Schluß von einem Nichtwissen auf ein Wissen [213], der *diese* Paradoxie entfalten muß und sie nur entfalten kann, wenn es ihm gelingt, rekursiv zu werden, also vom Wissen auch wieder zurück auf ein Nichtwissen zu schließen, und *dafür* die Ebene einer Reflexion in Anspruch nimmt, die die Ausgangsparadoxie zwar nicht verdeckt, aber auf Distanz hält. Dazu muß Wissen vor Nichtwissen präferiert werden und muß diese Präferenz *als System*, das Wissen um das Nichtwissen und damit auch um die Arbitrarität der Präferenz jedoch *als Intelligenz* behandelt werden. Während das System sich als Insel des Wissens in einem Meer des Nichtwissens behandelt und behandeln muß, dreht die Intelligenz die Perspektive um und behandelt das System als Nichtwissen um ein andernorts durchaus vorhandenes Wissen. Dabei setzt die Intelligenz das System voraus wie das System die Intelligenz. Beide tendieren dazu, sich wechselseitig, schon um ihre Komplementarität zu sichern, als das andere ihrer selbst zu behandeln: Für die Intelligenz ist das System so stupide, wie die Intelligenz für das System immer eine Nuance zu überflüssig ist. Aber davon sollte man sich nicht täuschen lassen. So wie nach einem Wort von Niklas Luhmann Kommunikation die Form ist, die die Unkenntnis der Zukunft in der Gesellschaft annimmt [153: 154], so ist Intelligenz die Form, die das Wissen um das Nichtwissen im System annimmt.

Die Intelligenzfunktion

Man sollte meinen, daß die vorgestellten Überlegungen den Entwicklungsmöglichkeiten Künstlicher Intelligenz und ihren Einsatzbedingungen in der Gesellschaft schlechte Karten geben würden. Aber nichts ist weniger sicher. Die ›Informatisierung‹ [188; 54] der Gesellschaft läßt sich von Unmöglichkeitsnachweisen künstlicher Intelligenz allenfalls anregen, aber keinesfalls aufhalten. Und tatsächlich wußten diese Nachweise bisher auch kaum zu überzeugen. Das Ergebnis unserer Überlegungen legt eine nuanciertere Beurteilung nahe als jene, die nach Möglichkeit oder Unmöglichkeit unterscheidet. Denn wir können jetzt so etwas wie eine *Intelligenzfunktion* beschreiben, die darin besteht, *den Operationen eines Systems den Schluß von seiner Selbstreferenz auf eine Fremdreferenz nahezulegen und abzugewinnen.* Niemand weiß bisher, wie dieser Schluß gelingen kann, aber daß er gelingt, kann man als Intelligenz beobachten und beschreiben. »Hier springt etwas *im* System heraus und wirkt *auf* das System ein, als wäre es *außerhalb* des Systems,« sagt Hofstadter über die strange loops, die dabei im Spiel sind [93: 736].

Diese Intelligenzfunktion ist in dem Sinne, den wir unseren Überlegungen vorangestellt haben, reflexiv, rekursiv und paradoxieentfaltend. Sie ist reflexiv, denn sie setzt eine Form voraus, die es ermöglicht, innerhalb des Systems auf das System zu reflektieren. Seit der Romantik nennt man diese Form eine Reflexionsform und seit der Romantik vermutet man auch, daß eine solche Form mit Hilfe der aristotelischen zweiwertigen Logik nicht rekonstruiert werden kann [100]. Wir vermuten, daß man diese Form innerhalb des Kalküls von Spencer Brown rekonstruieren kann, wenn man Reflexion als Wiedereintritt einer Unterscheidung in den Bereich des von ihr Unterschiedenen, also als Beobachtung der Form der Unterscheidung, versteht. Eine der Konsequenzen dieser Gedankenfigur ist, daß der Wiedereintritt nur innerhalb der Form eines unendlichen Arrangements möglich und somit nicht isoliert technisierbar ist. Die Intelligenzfunktion ist zweitens rekursiv, das heißt, sie schließt ihre eigene Leistung an Leistungen ähnlicher Art an und käme anders gar nicht zustande. Sie muß sich selbst voraussetzen. Eine der Konsequenzen dieses Gedankens ist, daß Intelligenz nicht lokalisierbar ist. Und drittens kann man sich das Operieren einer solchen Intelligenzfunktion nur vorstellen, wenn es ihr gelingt, die Paradoxie zu entfalten, die sie selber darstellt: sowohl als Beobachtung der Form der Unterscheidung (der Einheit des Verschiedenen) wie auch als Voraussetzung ihrer selbst. Und das wiederum bedeutet, daß Intelligenz, weil sie auf eine Paradoxie rekurriert, nicht als technisches Objekt konstruierbar, sondern nur als System, und das heißt: auf die Differenz von System und Umwelt, verteilbar ist [74: 189].

Schaut man sich in der KI-Forschung um, stößt man zwar nicht auf diese Einsichten in die Reflexivität, Rekursivität und Paradoxieentfaltung von Intelligenz, wohl aber auf die daraus zu ziehenden Konsequenzen des *Verzichts auf isoliert lokalisierbare Konstruktionen intelligenter Systeme*. Denn eine der möglicherweise wichtigsten Intuitionen der KI-Forschung liegt darin, die bereitzustellende Künstliche Intelligenz als »part of an intelligent environment« [215: 181] sozialer Systeme zu konzipieren und nicht etwa auf eine Simulation der Operationen dieser Systeme abzustellen (wie es parallel zur KI der Bereich des Artificial Life, K-Leben, versucht). Ronald Schwartz [215] weist darauf hin, daß dieser auf den ersten Blick bescheidene Gedanke einer durchaus kalkulierten Ambiguität folgt, Programme künstlicher Intelligenz wie vor allem Expertensysteme zunächst zur Hilfestellung menschlicher Problemlösung einzuführen, von der spezifisch selektionstauglichen Intelligenz dieser Programme aber zu erwarten, daß sie die menschliche Intelligenz in mancherlei Hinsicht alsbald substituieren könne.

Die Künstliche Intelligenz wird damit zumindest insofern ihrem Namen gerecht, als sie der Bewegung aller Intelligenz folgt, das System nicht direkt, sondern auf dem Umweg über seine Umwelt zu erreichen. Die künstliche Intelligenz positioniert sich genau dort, wo »etwas im System herausspringt und auf das System einwirkt, als wirke es von außerhalb«. Sie macht sich zur Adresse von Fremdreferenz, zum Lieferanten jenes Wissens, auf das nur ein um sich selbst wissendes Nichtwissen schließen kann. Sie wird zu einem Reflexionspotential, das in dem Maße, in dem es auf die Formulierung jeder eigenen Selbstreferenz verzichtet, Zugang zu den rekursiven Schleifen eines sozialen Systems gewinnt und aus diesen Rekursionen produziert und reproduziert wird.

Die Programme der Künstlichen Intelligenz zählen damit auf eine Konstellation zwischen Maschinen auf der einen Seite und psychischen oder sozialen Systemen auf der anderen Seite, in denen Kommunikation immer dann möglich wird, wenn dem »einseitigen Sinn« [61] auf der Seite psychischer oder sozialer Systeme eine »virtuelle Kontingenz« [52] auf der Seite der Computer gegenübersteht. Über die Zurechnungsleistungen der Intelligenz wird Kommunikation gleich mitimplementiert, wie man an Zettelkästen seit altersher studieren kann. Zunächst ›eine Art Zweitgedächtnis‹ [149], wird ein Zettelkasten wie ein Expertensystem spätestens dann kommunikationsfähig, wenn er genügend Eigenkomplexität besitzt, um interne Verweisungsmöglichkeiten selbständig und innovativ wahrzunehmen.

Wenn man diese Erfahrung verallgemeinern kann – und auf diesem Weg der Verallgemeinerung scheint sich ein guter

Teil der KI-Forschung gegenwärtig zu befinden –, dann läuft die Implementierung künstlicher Intelligenz über die Schiene der Einführung von Wissen, und genauer: über die Schiene der Einführung von Wissen, das intern mindestens in dem Maße relationenreich ist, daß es Punkte eigenen Nichtwissens mit Punkten eigenen Wissens verbinden kann. Der Abfrager dieses Wissens, der Benutzer eines Zettelkastens oder Expertensystems, befindet sich dann in der Situation, die künstliche Intelligenz, die er vor sich hat, mit Fragen zu einem bestimmten Punkt zu adressieren und auf diese Fragen von einem anderen Punkt her eine Antwort zu bekommen. Er wird nicht nur überrascht, das wäre durch Albernheiten oder durch simple Algorithmen einer Gegenfrage (Beispiel ELIZA) einfach zu bewerkstelligen. Sondern er wird *innovativ überrascht und veranlaßt, Überraschung und Innovation einer Maschine zuzurechnen, obwohl auch hier die Kommunikation zwischen Benutzer und Maschine der eigentliche Adressat der Zurechnung sein müßte*. Und zwar kommt es hier auf eine Kommunikation an, die auf beiden Seiten Intransparenz nicht nur toleriert, sondern einräumt oder sogar fordert, damit überall da, wo ein technisch gestimmtes Gemüt dazu neigt, feste Kopplungen vorzunehmen, um nachrechnen zu können [178: 154], lose Kopplungen zugelassen werden, die sich ihre jeweiligen Formen selber suchen.

In diesem Sinne können wir die Idee einer ›intelligenten Umwelt‹, auf die die KI-Forschung eher zufällig oder, besser gesagt, aus einem durchaus triftigen Gespür für die Dynamik von Reflexivität, Rekursivität und Paradoxieentfaltung heraus gestoßen ist, aufgreifen und als *Implementationsbedingung kommunikativer Intelligenz* Situationen der Konfrontation von Wissen und Nichtwissen mit Wissen und Nichtwissen angeben, wenn und insofern für diese Konfrontation eine Sprache gefunden wird, die diese vierstellige Option von Wissen und Nichtwissen auf eine einfache Sequenz der Abarbeitung von Wissen an Nichtwissen und umgekehrt zu beziehen vermag [225]. Als intelligente Umwelt fungiert all das, was als Adressat der Zurechnung von Intelligenz fungiert. Jede dieser Zurechnungen ist jedoch wiederum eine Systemleistung, so daß intelligente Umwelt nichts anderes ist als eine andere Formulierung für den Sachverhalt der Verteilung der Intelligenz im System. Eine intelligente Umwelt ist schließlich nichts anderes als ein Medium [201; 202: 302 ff.], eine lose Kopplung zwischen Elementen des Wissens und des Nichtwissens, in das sich unterschiedliche Formen einprägen können und das sich, so die wegweisende Idee von Fritz Heider [87], aus dem Zerfall dieser Formen seinerseits regeneriert. Die Differenz von Form und Medium ist somit nur eine andere Formulierung für den Sachverhalt der Rekursion, mit dem Zusatzgewinn allerdings, daß wir es beim Medium mit jenem Nichtmarkierten zu tun haben, das in der Form als andere Seite der Unterscheidung zwar nicht greifbar, aber rekursiv zurechenbar wird.

Der Forschungsbedarf

Man wird auch das Verhältnis von KI-Forschung und Soziologie als ein Verhältnis von Form und Medium, und zwar aus beiden Perspektiven, beschreiben können. Die Soziologie greift an der KI-Forschung bestimmte Konstellationen von Wissen und Nichtwissen ab, die sie auf der Folie eigener Konzepte mit ihrer Differenz von Wissen und Nichtwissen traktiert, und umgekehrt. Überraschungen sind bei dieser Vorgehensweise gewährleistet, Redundanzen auch, Innovationen nicht immer. Als Ergebnis unserer Überlegungen kann man die KI-Forschung und die Soziologie nur dazu ermutigen, sich im Verhältnis zueinander auf jene Medialisierung einzulassen, die auf beiden Seiten unterschiedliche Formbildungen ermöglicht. Ob man die Unterschiedlichkeit dieser Formbildungen auf ›Gesellschaft‹ oder auf ›Intelligenz‹ hochrechnet, bleibt sich gleich, wenn man unter dem einen wie unter dem anderen doch nichts anderes verstehen kann als ein Wissen um ein Nichtwissen, das sich seine eigenen Wege zum Wissen sucht.

Wichtig ist allerdings das Wissen um die Differenz, das von der Soziologie nur bedient werden kann, wenn sie sich ebenso als Wissenssoziologie auslegt wie als Soziologie der Ignoranz. Und umgekehrt scheint die Soziologie gut beraten, wenn sie die Formen der Künstlichen Intelligenz, die ihr als Experimente operativen Umgangs mit Intelligenz vor Augen geführt werden, mit Hilfe des Medienbegriffs auf Distanz hält und dort nach Operationen fragt, wo sie ihr eigenes Wissen um Formen einsetzen kann, sei es in der Theorie der Interaktion, der Organisation oder der Gesellschaft, sei es als Theorie der Kommunikation, der Differenzierung oder der Evolution. In allen diesen Bereichen/Richtungen besteht Forschungsbedarf, der sich, so unsere Vermutung, angehen läßt, wenn man genauer als bisher auf die Form der Unterscheidung achtet. Der Computer ist das jüngste Beispiel einer langen Serie ›technischer‹ Innovationen, die von der Sprache über die Schrift, den Buchdruck, die Bibliothek und die Telekommunikation immer wieder mit Kombinationen loser und fester Kopplung aufwarten, die sich schon deswegen nur ›kommunikativ‹ einfangen lassen, weil sie vor die Notwendigkeit der Selektion stellen und mit jeder Selektion den Einschluß wie den Ausschluß beobachtbar machen.

Zeit und Zweideutigkeit im Kalkül der Form

Das Interesse an Operationen

Sowohl in der Logik als auch in der Soziologie kam es in jüngerer Zeit zu Entwicklungen, die ein neuartiges Interesse an Operationen hervorgerufen haben. Der Versuch von G. Spencer Brown [226], die Logik zu remathematisieren, läuft ebenso wie der Versuch der soziologischen Systemtheorie, Kommunikation als Grundbegriff der Soziologie zu etablieren, darauf hinaus, ein Operationsverständnis zu suchen, das Engführung mit Ermöglichung, Ausschluß mit Einschluß und Sequentialität mit Rekursivität kombiniert. Eine Operation, so könnte man mit Wittgenstein [260, no. 5.24, vgl. no. 5.241] formulieren, »bringt den Unterschied der Formen zum Ausdruck.« Über diese Formulierung hinausgehend, verstehen jedoch sowohl der Indikationenkalkül als auch die soziologische Systemtheorie den Unterschied selbst als eine Form, deren Einsatz den Unterschied der Formen begründet. Die Operation selbst ist das, was ist, und es gibt nichts als Operationen, um von einer Operation zu einer nächsten zu kommen. Einem solchen Operationsverständnis liegt nicht mehr eine Ontologie zugrunde, die zwischen dem, was ist, und dem, was man braucht, um es zu denken (und dann auch: zu bewegen), unterscheidet. Sondern es liegt ihm eine Ontogenetik [243: 103 ff.; 244: 92 ff.] zugrunde, in der es um Transformationen dessen geht, was es gibt und was nichts als sich selbst (und: den Unterschied zu unbestimmt, aber bestimmbar anderem) hat, um sich zu transformieren.

Es ist nicht die logische ›Absicherung‹, die die Systemtheorie in der Logik sucht. Sie glaubt nicht, sie werde ›wahrer‹, wenn sie sich in Einklang mit einer Logik bringt, obwohl sie durchaus von den damit steigenden Möglichkeiten der Fehlererkennung zu profitieren suchen kann. Es handelt sich auch nicht nur darum, daß die Systemtheorie erleichtert zur Kenntnis nimmt, daß neuere Entwicklungen der Logik ihr gleichsam gewogener sind, nachdem sie jahrzehntelang mit dem Bewußtsein leben mußte, den drei ›laws of thought‹ zu widersprechen, die Cohen und Nagel [27: 181 ff.] für die wissenschaftliche Methode beschrieben haben:

(1) Die Unterscheidung von System und Umwelt widerspricht dem Identitätsprinzip, beziehungsweise macht die Identität zum Produkt einer Selbstbeschreibung, die von einem Unterschied zu anderem ausgeht, den sie sich selber zurechnen (lassen) muß.

(2) Die fundierende Paradoxie, auf die alle nicht in den Grenzen der Tautologie gehaltenen selbstreferentiellen Bestimmungen auflaufen, widerspricht dem Prinzip des Widerspruchs.

(3) Und die Idee, Unterscheidungen als Basisoperationen zu beschreiben, läuft dem Prinzip des ausgeschlossenen Dritten zuwider, da die Unterscheidung selber das Dritte ist, das Tertium Datur, das in allem, was als das eine und nicht das andere unterschieden wird, bereits mit ›anwest‹.

Mit dem Widerspruch zu den ›laws of thought‹ könnte die Systemtheorie, wie gesagt, leben. Sie hält es hier mit Piaget [196: 37] und vielen anderen, für die die Logik ein möglicher Spiegel des Denkens ist, und nicht etwa umgekehrt. Es sind die inhaltlichen Momente des Indikationenkalküls, die sie faszinieren. Es ist die Möglichkeit, ein Operationsverständnis zu entwickeln, das über Beschränkungen auf Zweiwertigkeit hinausgeht, das sie interessiert. Und es ist der Umgang mit dem Problem der Selbstreferenz, das sie dazu bringt, sich mit einer Mathematik und Logik zu beschäftigen, die erstmals wieder den Eindruck erweckt, ähnlich komplexitätstauglich zu sein, wie es die Soziologie zur Beschreibung sozialer Verhältnisse immer schon für erforderlich gehalten hat.

Im folgenden beschränke ich mich auf die Skizze einiger weniger Eigenschaften des Kalküls, die die Motive für seine Rezeption in der Soziologie bilden [92; 143; 51]. Auf die Diskussion des Kalküls innerhalb der Logik und Mathematik [230; 28; 99] gehe ich nur insofern ein, als sie etwas mit diesen Motiven zu tun hat. Ich konzentriere mich auf drei Motive, die in der Logik bisher kaum eine Stelle fanden, in der Soziologie jedoch unverzichtbar sind: die Motive der Selbstreferenz, der Zeit und der Zweideutigkeit.

Einschluß und Ausschluß

Vor allem der Umstand, daß Spencer Brown einige wenige Entscheidungen, die er trifft, nicht nur als Voraussetzungen, sondern auch als Ergebnis seines Kalküls darstellen kann, bringt den Soziologen dazu, dem Kalkül Vertrauen entgegenzubringen. Denn dieser Umstand weist den Kalkül als selbstreferentiell aus. Diese Entscheidungen sind

(1) die explizite Einführung des impliziten Beobachters [226: 69 ff.],
(2) die Konzeption der Unterscheidung als Zwei-Seiten-Form [226: 4] und
(3) die Figur des Wiedereintritts einer Unterscheidung in den von ihr bezeichneten Bereich [226: 56 ff.].

Der Kalkül kommt damit soziologischen und konstruktivistischen Absichten entgegen, den Beobachter als sich externalisierende Instanz in die Dynamik des Sozialen zu internalisieren und zugleich über ein Konzept zu verfügen, das diese Internalisierung und Externalisierung als das Produkt einer einzigen Operation, nämlich der Beobachtungsoperation, verständlich macht. Spencer Browns Kalkül liefert dieses Konzept, indem er jede Unterscheidung als eine Ausgrenzungsoperation, als »form of closure« [226: 77] beschreibt, die sich ausgrenzt aus allem anderen, dazu jedoch den unmarked state als die andere Seite ihrer selbst, als Umwelt, voraussetzt und für Anschlußunterscheidungen beobachtbar macht. Die Unterscheidungsoperation exkludiert sich über die Bezeichnung eines (ihres) marked state und inkludiert sich (gleichsam hinter ihrem eigenen Rücken) über die Abhängigkeit dieser Bezeichnung von der Unterscheidung des marked state vom unmarked state. In dem, *was* sie unterscheidet, unterscheidet sich die Unterscheidungsoperation von allen anderen Unterscheidungsoperationen; in dem Umstand, *daß* sie unterscheidet, gleicht sie allen anderen. Die Unterscheidung schließt sich ein, indem sie unterscheidet. Wollte sie sich ausschließen, müßte sie auf jede Unterscheidung und damit auf sich selbst verzichten (ein göttliches Unterfangen).

Mit der Figur des Wiedereintritts gelingt es Spencer Brown darüber hinaus, die Einschluß/Auschluß-Dynamik der Unterscheidung nicht nur konzeptionell zu fassen, sondern als Gegenstand der Unterscheidungsoperationen innerhalb der Unterscheidungsarrangements selbst beobachtbar zu machen. Die in den Bereich des Unterschiedenen wiedereingeführte Unterscheidung macht innerhalb des Unterschiedenen die Form der Unterscheidung, also marked state und unmarked state, sichtbar.

Für diese Beobachtung der Form der Unterscheidung muß zwar ein Preis gezahlt werden, denn als Form kann die Unterscheidung nicht befolgt, sondern eben nur beobachtet werden. Sie ist nur noch marker, nicht mehr cross. Aber diesen Preis zahlt man gerne, denn die Differenzierung zwischen marker und cross, einmal getroffen, ufert nach beiden Seiten, in den Innenraum der Unterscheidung und in den Außenraum der Unterscheidung, gleichsam aus und stellt mit Blick auf die Form der Unterscheidung weitere und jeweils unabschließbare beziehungsweise nur mittels entsprechender Unterscheidungen abschließbare Beobachtungsmöglichkeiten von marked states und unmarked states bereit. Jeder marked state: jede Kategorie, Instanz, Institution, jedes Objekt, jede Struktur, jedes System, kann hinfort auf seinen unmarked state, auf seine andere Seite hin beobachtet werden, deren Ausgrenzung als solche eine konstitutive Leistung erfüllt, also im Eingegrenzten zumindest in der Form des Ausgegrenzten immer schon mit anwesend ist.

Umgekehrt ist man freigestellt, im unmarked state nach unwritten crosses [226: 7; 235] zu suchen, deren Bestimmungsleistung, einmal markiert, also geschrieben, verständlich macht, welche Bestimmungsleistung daran anschließende Ausgrenzungen erfüllen. So bewegt sich die Philosophie unter vielen sachdienlichen Verzögerungen auf die Einsicht zu, daß die Bewußtseinsphilosophie wie jede andere Philosophie eine innerhalb einer bestimmten Kultur mit Sprache arbeitende Philosophie ist und ihr daher eine Sprach- und Kulturphilosophie vorgeschaltet werden muß, in der unter anderem der Sachverhalt der Bezeichnung von Bewußtseins-, Sprach- und Kultursachverhalten vorkommt [26]. Und so erprobt die Soziologie gegenwärtig die Vermutung, daß man Kommunikation als unwritten cross überlieferter Sozialtheorien (Vertrags-, Handlungs-, Strukturtheorien) interpretieren kann und dementsprechend neue Bestimmungsmöglichkeiten sozialer Sachverhalte gewinnt, wenn man dieses unwritten cross ausschreibt und soziologische Theorie als Kommunikationstheorie formuliert – sei es mit Blick auf Versöhnung [80] oder mit Blick auf Beschreibung [138]. Jedes Ausschreiben eines unwritten cross' läßt nach dem unwritten cross fragen, innerhalb dessen dieses Ausschreiben möglich ist, bis man schließlich auf die Welt als den Eigenwert benennbarer unwritten crosses wie auch des Ausschreibens selber stößt [138: 105 ff.; 141]: Das Treffen von Unterscheidungen ist ein Vorgang in der Welt.

Das Konzept der Form der Unterscheidung ermöglicht es der Soziologie, Anschluß an Fragestellungen der Philosophie zu gewinnen, die sich durch die Problematik des Anwesenden des Abwesenden fasziniert zeigt. Sie gewinnt Verständnis für die Seins- und Ereignismetaphorik Martin Heideggers [86] wie auch für den Versuch Jacques Derridas [34], das Metonymische dieser Metaphorik auf verschiedene Konzepte einer ›medialen Form‹ (trace, différance, itérabilité, chôra…) herunterzubuchstabieren. Diese und andere philosophische Unternehmungen erproben genau dort ihre Einsätze einer Logik des Supplements und der Kompensation [45], wo auch die Soziologie einen Erklärungsbedarf des einerseits reflexiven, rekursiven und daher korrekturfähigen Umgangs der Gesellschaft mit sich selbst, und andererseits gegen Reflexion und Korrektur auch wieder sperrigen Widerstands der Gesellschaft sieht [198; 200]. Der Indikationenkalkül bietet nicht nur eine Annäherung an diese philosophischen Fragestellungen, sondern auch einen kontrollierten, gleichsam operativen Umgang mit ihnen, indem jede Beobachtung eines unmarked state, jede Frage nach einem unwritten cross ausschließlich innerhalb in jedem Moment spezifizierbarer marked states und written crosses als Beobachtung und Frage auftauchen und behandelt werden können. Die Rückfrage nach dem Beobachter und nach seinen Unterscheidungen ist in jedem Moment ebenso gesichert wie die empirische, operative und ihrerseits rekursive Qualität dieser Unterscheidungen. Kein Privileg, keine Autorität, kein Schriftwitz bewahren den Beobachter davor, seinerseits beobachtet zu werden.

Die Soziologie folgt also weiterhin ihrem Programm der Entzauberung, ist sich jetzt jedoch sicher, daß dieser Entzauberung immer nur ein Teilerfolg beschieden sein wird, weil jede Benennung, Bestimmung und Begrenzung den Blick auf die andere Seite freigibt, ja sogar fordert. Das soziologische Interesse am Indikationenkalkül Spencer Browns beruht hauptsächlich auf der Dynamik des Wiedereinschlusses des Ausgeschlossenen und dem Wissen darum, daß dieser Wiedereinschluß seinerseits Ausschlußqualitäten hat. Man hat den Eindruck, daß dieser Kalkül der Form das Programm der Aufklärung zusammen mit dem Programm der Romantik realisiert, und dies, ohne eine Präferenz für Inklusion oder Exklusion erkennbar werden zu lassen.

Sicherlich gibt es viele Punkte in dem Kalkül, die sich dem Verständnis des Soziologen entziehen. Tatsächlich ist es auch nicht das Interesse an einer mathematischen oder logischen Unterfütterung seiner Theorie, das den Soziologen bestimmt.

Vielmehr teilt er auf seine Weise das Interesse des Logikers und Mathematikers an einer Beobachtung der Kopplung von Operationen, die verschiedene Vernetzungsmöglichkeiten dieser Operationen ebenso sichtbar macht wie die Implikation des Beobachters in diese Kopplung. Der Soziologe beobachtet den Kalkül als Kommunikation und stellt sich vor, daß auch der Logiker und Mathematiker in diesem Sinne bereits von einem Interesse an Kommunikation, an der Operativität von Kommunikation getragen sind [112].

Die Entscheidung Spencer Browns, die eigentliche Leistung des Kalküls, nämlich seine Selbstreferenzfähigkeit, bereits in seinem Startpunkt unterzubringen, ohne den Kalkül dadurch daran zu hindern, vom Fleck zu kommen, ist gerade unter diesem Gesichtspunkt einer Kommunikation, die ›voraussetzungsschwach‹ startet und ihre Voraussetzungen in ihrem Verlauf wieder einholt (oder auch auf sich beruhen läßt oder gegen neue Voraussetzungen auswechselt und auch dafür wieder auf bisher ungesehene Voraussetzungen stößt), überzeugend. Jede Unterscheidung definiert Spencer Brown als Unterscheidung-und-Bezeichnung, also mit Hilfe ihrer selbst und einer Zusatzleistung, wobei diese Zusatzleistung den Kalkül auf den Weg bringt und es schließlich ermöglicht, sobald er Ausdrücke zweiter Ordnung annimmt [226: 56], auch den Anfang zu bezeichnen, die Form der Unterscheidung sichtbar zu machen und damit den Anfang einerseits zu begründen, und andererseits als Moment bereits laufender Unterscheidungsoperationen kenntlich zu machen. Es gibt keinen Anfang, sondern nur Wiedereinführungen.

Die eine Operation, die Spencer Brown für seinen Kalkül benötigt, wird mit Hilfe ihrer selbst definiert. Dies läuft nur deswegen nicht nur auf eine robuste Tautologie hinaus, auf die sich alles Weitere gründen läßt, sondern auch auf Differenzierungsfähigkeit, also, in den Worten Spencer Browns, nicht nur auf Reduzierbarkeit, sondern auch auf Expandierbarkeit [226: 10], weil die Operation zweifach verwendbar ist, als Operator und als Operand. Spätestens in der von Spencer Brown entworfenen Algebra wird deutlich, daß ein Operand nichts anderes ist als »a conjectured presence or absence of an operator« [226: 88]. Um so wichtiger wird allerdings die Frage danach, wie sich an der einen Operation unterscheiden läßt, ob sie jeweils als Operand oder als Operator zu verstehen ist. Spencer Browns Kalkül ist zwar durchaus konfusionsfreundlich, wie sich an seiner Interpretation des Gleichheitszeichens ablesen läßt, die er seinen Experimenten mit der Verwechselbarkeit von Unterscheidung und Beobachter voranstellt (»in these experiments the sign '=' may stand for the words 'is confused with'«, [226: 69]). Aber dies ist eine strategisch plazierte Zweideutigkeit, die nicht auf eine globale Verwirrung hinauswill, sondern auf eine lokale Unbestimmtheit, die ihrerseits auf die Aufforderung, eine Entscheidung zu treffen, hinausläuft und damit auf die Einsatzbedingung des Kalküls selbst: »Draw a distinction« [226: 3].

Wie also sichert Spencer Brown die entscheidbare Unentschiedenheit der Unterscheidung zwischen Operand und Operator? Für eine Antwort auf diese Frage müssen wir uns die re-entry-Operation, der es aufgetragen ist, den Kalkül in sich selbst zu begründen und beobachtbar zu machen, etwas genauer anschauen.

Die Zeit

In der allgemeinen wie in der soziologischen Systemtheorie gibt es eine deutliche Präferenz für die Suche nach Lösungen des Selbstreferenzproblems, also des Problems der Einheit der Differenz von Selbst und Referenz, auf der zeitlichen Ebene. Das Selbstreferenzproblem wird in das Problem der Rekursivität übersetzt [243: 116 ff.; 75; 102; 103; 233], also das Selbst als eine auf sich selbst anwendbare Operation betrachtet, und die Rekursivität zeitlich verortet und in der Unendlichkeit ihrer selbst abgesichert. So schreiben etwa Francisco Varela und Joseph Goguen [103]: »The central point emerging from the study of closure and self-reference is that the structure on which we have our description has to be endowed with a property that can be described as *time* or infinity, and its manifestation as sequential approximation and recursion.« Einen ähnlich fundamentalen Zusammenhang zwischen Zeit und Rekursion sieht Luhmann [146; 249; 154].

Diese Entscheidung für Zeit ist um so auffälliger, als es durchaus Alternativen gibt. So entspricht es etwa einem eher französischen Theoriegeschmack, Diskontinuitäten der Selbstreferenz räumlich zu verorten, in einem »espace d'extériorité« [59: 74], den das Selbst nutzen kann, um sich in einen Diskurs zu entfalten, als dessen Effekt es sich dann beschreiben kann. Man könnte auch anstelle der Zeitdimension für die Sozialdimension optieren und den Bezug auf das Selbst als einen über den Bezug auf einen Anderen vermittelten und durch diesen Bezug auf den Anderen erst ermöglichten Bezug ansehen, wie es etwa Lévinas [125: 159 ff.] vorgeschlagen hat. Soziologisch hieße das, die Selbstreferenz in einer ego/alter ego-Konstellation zu verorten, die auf der Ebene einer Bestimmung der Sinndimensionen des Sozialen als noch einmal spezifisch soziale (Wiedereinführung des Sozialen in das Soziale!) Sinndimension der zeitlichen als gleichrangig behandelt wird [138: 112, 119 ff.]. Und man könnte schließlich auch versuchen, wie es vor allem Glanvilles Objekttheorie [70] und Luhmanns Systemtheorie [146: 100 f.] vorsehen, die basale Selbstreferenz sachlich zu verorten, als Eigenschaft jeden Objekts oder Systems, das nur im Unterschied zu sich selbst und als das, was sich in diesem Unterschied durchhält, bestimmt werden kann.

Es kommt uns hier nicht darauf an, die Vor- und Nachteile dieser Optionen zu erkunden. Das könnte man erst tun, wenn die Theorie der Selbstreferenz ausgearbeiteter ist als gegenwärtig der Fall. Wir befinden uns im Rahmen des epistemologischen ›Jahrhundertproblems‹ (gemeint ist das zwanzigste) immer noch in der Erkundungsphase der Selbstreferenz, in der vor allem darauf geachtet wird, was sich an anderen Stellen überlieferter Theorien, Logiken und Philosophien tut, wenn man Selbstreferenz einführt, jedoch noch nicht so sehr bereits alternative Möglichkeiten verglichen werden. Bleiben wir also bei der Frage nach der Rolle der Zeit, und behalten wir die alternativen Optionen als solche nur im Auge. Außerdem ist es gut möglich, daß das Selbstreferenzproblem so fundamental angelegt ist, daß jede Option für eine zeitliche, räumliche, soziale oder sachliche Entfaltung allenfalls für Zusatzentscheidungen, jedoch nicht für die ›erste‹ Entfaltung unterscheidbar ist.

Varela und Goguen [233] verweisen im Anschluß an die zitierte Stelle auf die Kenogrammatik Gotthard Günthers, der so weit gehe, Selbstreferenz, Zeit und das Verhältnis zwischen Beobachter und Beobachtetem für dasselbe zu halten, und die Lösung des Selbstreferenzproblems darin sehe, der Zeit selbst einen logischen Ort zu geben. Und in der Tat schlägt Günther [75], ausgehend vom aristotelischen Kontingenzproblem [1: § 9], die Einführung von Wahlmöglichkeiten anstelle notwendig wahrer oder falscher Aussagen nicht nur für Aussagen über zukünftige, sondern auch über vergangene Sachverhalte vor. Das führt zur Einführung eines dritten Wertes in die Logik, der zusätzlich zur Differenz von Affirmation und Negation (erster Wert: Denken) und zur Differenz von Selbstreferenz und Fremdreferenz (zweiter Wert: Sein) eine Austauschbeziehung oder Differenz von Vergangenheit und Zukunft berücksichtigt (dritter Wert: Zeit). Diese Austauschbeziehung berücksichtigt nicht nur, wie traditionell, die Vergangenheit als das, was geschah, und die Zukunft als das, was (noch) nicht geschah, sondern in der Vergangenheit auch das, was nicht geschah, und in der Zukunft wie schon bei Aristoteles das, was geschehen kann. Unter Ablehnung probabilistischer Versuche, Zukunftsaussagen unter Beibehaltung des Tertium Non Datur als Wahrscheinlichkeitsaussagen zu berücksichtigen, wird die Logik damit zu einer possibilistischen Logik des Tertium Datur, in der Aussagen über Möglichkeiten neben wahr/falsch-Aussagen treten. Das eröffnet die Möglichkeit, die Sinnwelt insgesamt über die Differenz von Aktualität und Potentialität zu rekonstruieren [146: 108; 13: 71 ff. u.ö.]. Für den Verlust an Kontrollierbarkeit der Aussagen in dieser Logik kompensiert bei Günther die Einführung sogenannter Kenogramme (Leerplätze), die die Struktur möglicher Aussagen vorzeichnen, ohne diese inhaltlich einzuschränken.

Uns geht es hier um die soziologisch vorgesteuerte Frage, welches Argument eingeführt wird, um die Zeit die Rolle spielen zu lassen, die einen Umgang mit dem Selbstreferenzproblem erschließt. Dieses Argument ist mit und seit Aristoteles die Einführung einer zum jeweils gegenwärtigen Moment geltenden Zweideutigkeit (das morgige Stattfinden oder Nicht-Stattfinden der Seeschlacht) und damit einer Wahlmöglichkeit, die zugleich wieder entzogen wird, da sie unverfügbaren, aber je nachdem nicht unbeeinflußbaren Umständen (dem Zeitablauf) anheimgestellt wird. Wie beim Erlernen (und Sprechen) einer Sprache sieht man sich ständig mit der Möglichkeit konfrontiert, Dinge so oder anders zu benennen, die schon längst so und nicht anders benannt sind, aber durchaus anders benannt werden können: »Freilich,« sagt Wittgenstein [261: 294], »was uns verwirrt ist die Gleichförmigkeit ihrer Erscheinung, wenn die Wörter uns gesprochen, oder in der Schrift oder im Druck entgegentreten. Denn ihre *Verwendung* steht nicht so deutlich vor uns.«

Der interessante Punkt ist nun, daß Spencer Brown auf anderen Wegen zum gleichen Ergebnis kommt. Auch bei ihm heißt Zeit, was als sich entscheidende Unentschiedenheit auftritt. Das liegt auf einer Linie sowohl mit philosophischen wie physikalischen Überlegungen. Heidegger [86] spricht vom ›Ereignis‹, das Zeit und Sein in ihr Zusammengehörendes, das heiße: als Sache, bestimme. In der speziellen Relativitätstheorie wird die Zeit nach einem Vorschlag von Hermann Minkowski in das Raum-Zeit-Kontinuum integriert, indem sie als imaginärer Wert gefaßt wird [47: 32 ff.; 184]. Und beides, das Ereignis wie der imaginäre Wert, haben darin ihren Sinn, daß sie zu bezeichnen erlauben, was (noch) nicht entschieden ist. Die Leistung des Indikationenkalküls von Spencer Brown nun liegt darin, nachvollziehbar zu machen, was unter einem imaginären Wert, einer sich entscheidenden

Unentschiedenheit, zu verstehen sein kann. Denn auch hier wird der imaginäre Wert zeitlich verortet [226: 58 f.].

Wie also kommt es zur Einführung imaginärer Werte? In der Physik wird in der Interpretation der speziellen Relativitätstheorie viel Wert darauf gelegt, Assoziationen zwischen imaginären Werten und Imaginationen anderer Art möglichst abzublocken – was einen Leser natürlich erst auf Ideen bringt. Aber auch im Formenkalkül ist nicht der Ausblick von den imaginären Werten ins Imaginäre wichtig, sondern die Einführung jener Unbestimmtheit, die durch den Verweis auf das Vorhandene (oder gar Zuhandene) nicht mehr, sondern nur noch durch den Verweis auf andere Zustände gelöst werden kann: »Since we do not wish, if we can avoid it, to leave the form, the state we envisage is not in space but in time. (It being possible to enter a state of time without leaving the state of space in which one is already lodged.)« [226: 58 f.]. Die Einführung der komplexen Zahlen, die nicht nur eindeutig (reell), sondern zweideutig (imaginär) sind im Sinne von $\sqrt{-1} = i$, ist dafür nur ein Beispiel [226: xi]. Man geht wahrscheinlich nicht zu weit, wenn man annimmt, daß der Kalkül eine seiner Aufgaben in der Interpretation der Zweideutigkeit sieht, die auftritt, wenn Gleichungen auftreten, die mehr als eine Lösung haben.

Das ursprüngliche Motiv der Einführung imaginärer Werte war die Konstruktion einer Zählmaschine für British Railways, die durch einen Tunnel fahrende Eisenbahnwaggons nicht nur vorwärts, sondern auch rückwärts zählen kann (damit man sicher sein kann, daß alle Waggons, die in einen Tunnel hineinfahren, auch wieder herauskommen). Da diese Waggons beim Rangieren oder aus anderen Gründen mal vorwärts, mal rückwärts rollen, muß die Maschine nicht nur zählen können, sondern auch zählen können, was sie schon gezählt hat. Sie muß zählen und als bereits gezählt markieren können. Und sie muß, wenn ich recht verstehe, diesen Unterschied zwischen Zählen und Markieren (oder Erinnern [226: 65]) zusammenfassen können in eine Operation, die rechnet und unentschieden, zweideutig, läßt, ob sie zählt oder markiert.

Die Zweideutigkeit

Die Leistung des Kalküls besteht darin, für die Zweideutigkeit eine Interpretation anzubieten, die ihrerseits iterativ zweideutig ist. Einerseits läßt sich die Zweideutigkeit als der Unterschied zwischen cross und marker auf der Ebene von Unterscheidungsarrangements zweiter Ordnung interpretieren. Und andererseits, diesem Unterschied vorgelagert wie auch, wie sich später zeigt, von diesem Unterschied ermöglicht, begründet die Zweideutigkeit das Konzept einer Kalkulation, die nicht nur zählen, sondern auch ordnen kann [226: 11], und für beides, für Zahl und Ordnung, auf die Form der Unterscheidung, die Zwei-Seiten-Form von marked state und unmarked state, rekurriert. Das Konzept der Zahl entsteht durch Aneinanderreihung von crosses, das Konzept der Ordnung durch Streichung (cancellation) und Einsetzung (compensation) von Ebenen; und für beides ist die Reflexion auf unmarked states erforderlich, weil nur dort, nur in dieser Reflexion auf unmarked states innerhalb von marked states, neue crosses auftauchen können, nur dorthin Unterscheidungen aufgehoben werden können und nur dort sich selbst aufhebende Unterscheidungen neu eingesetzt werden können.

Spencer Brown verwendet große Sorgfalt darauf zu beweisen, daß alle Operationen seines Kalküls, welche komplexen Arrangements von Zahl und Ordnung auch immer sie annehmen, letztlich auf zwei und nur zwei Werte reduziert werden können, den marked state oder den unmarked state. Die explizit eingeführte und in der Zeit lokalisierte Zweideutigkeit von cross oder marker (mit allen ihren Zwischenformen, Supplementen und Erläuterungen) scheint damit ihrerseits nur ein Stellvertreter einer ganz anderen, tiefer reichenden Zweideutigkeit zu sein, nämlich jener von marked state oder unmarked state. Diese Zweideutigkeit ist jedoch immer schon aufgelöst in die Eindeutigkeit der Unterscheidung selbst: Es gibt keinen marked state ohne einen unmarked state, und umgekehrt keinen unmarked state ohne eine marked state. Die Zweideutigkeit, nicht zu wissen,

»where we are in the form« [226: 58], im marked state oder im unmarked state, wird übersetzt in die Paradoxie, *beides* für möglich halten zu müssen und dafür nur *eine* Unterscheidung zu haben.

Diese Paradoxie ist, wie schon bei Aristoteles, nur mit Hilfe der Referenz auf Zeit zu denken. Denn die Zeit ist, wie Luhmann gezeigt hat [146], konstituiert in einer Gleichzeitigkeit des wechselseitig Unbeeinflußbaren, die zum Treffen von Unterscheidungen wie marked state und unmarked state, Vorher und Nachher, System und Umwelt oder ego und alter ego auffordert, und zwar so auffordert, daß das Treffen der Unterscheidung nicht der Zeit, sondern dem Beobachter zugerechnet werden muß. Der Kalkül von Spencer Brown erlaubt es, diese Gleichzeitigkeit des Unterschiedenen sowohl als Ununterschiedenheit des Gleichzeitigen wie auch als Diskontinuität der Unterscheidung zu lesen, nämlich entweder als oscillation zwischen den beiden Seiten der Unterscheidung oder als memory der bereits getroffenen Bezeichnung in weiteren Bezeichnungen [226: 59 ff.]. Oszillation heißt, daß immer dann, wenn der marked state bezeichnet wird, sofort anschließend der unmarked state bezeichnet wird. Die Klingel funktioniert so, oder auch die Kommunikation, die für jede Ja-Fassung einer Kommunikation eine Nein-Fassung bereithält und umgekehrt [138: 602 f.]. Und Gedächtnis heißt, daß jede neue Unterscheidung bezeichnet, was schon die vorherige Unterscheidung bezeichnet hat. Das kann man zum Beispiel zur thematischen Engführung von Kommunikation nutzen. Der Eigenwert der Oszillation ist die Unterscheidung selbst mit ihren beiden Seiten, der Eigenwert des Gedächtnisses ist die Bezeichnung, die Innenseite der Unterscheidung. Wenn darüber hinaus dank der Einführung weiterer Ordnungsebenen der Unterscheidung (also weiterer Ebenen, auf denen die Unterscheidung in den Bereich des Unterschiedenen wiedereingeführt werden kann) die Bezeichnung nicht nur als dieselbe, sondern als die gleiche erinnert wird, beginnt der Kalkül zu zählen [226: 65], das heißt zu bezeichnen und zu unterscheiden in einer Operation.

Die Zweideutigkeit ist demnach ausschließlich eine Sache der Entfaltungsoperationen des Kalküls. Letztlich kann es sich immer nur um eine Unterscheidung handeln oder um die Abwesenheit jeder Unterscheidung, was wir jedoch nur wissen können, wenn wir uns bereits innerhalb von Unterscheidungsoperationen bewegen, und zwar innerhalb unendlicher oder nicht mehr abzählbarer Unterscheidungsoperationen, das heißt dann, wenn wir mit unaufhebbarer Zweideutigkeit konfrontiert sind. Und auch die Abwesenheit setzt die Anwesenheit zumindest der Unterscheidung voraus, die sie als solche zu bezeichnen erlaubt. Alle Operationen sind Operationen auf der Innenseite der Form. Und dort hat man nur die Wahl zwischen der Oszillation, dem Hin- und Herwechseln zwischen Selbst- und Fremdreferenz, und dem Gedächtnis, der Bezeichnung des Selben (und später des Gleichen) unter Ausnutzung eines unwritten cross', in diesem Fall der verwendeten Unterscheidung selbst. Alles Weitere ist eine Sache der Ausnutzung der in beiden Fällen geschaffenen Zeit. Denn »without the key of time, only the contracted expression makes sense« [226: 64]. Der Ausgangspunkt ist die Zweideutigkeit, die Differenz. Sie etabliert einen imaginären Zustand, der nur auf dem Umweg über die Zeit, über die Gleichzeitigkeit des Unterschiedenen und die Diskontinuität der Unterscheidung (das heißt als Bezug auf sich selbst), Form und damit Realität gewinnt. Der imaginäre Zustand »is real in relation with time and can, in relation with itself, become determinate in space, and thus real in the form« [226: 61].

In der Form der Zweideutigkeit, das heißt der eine Entscheidung ermöglichenden Unentschiedenheit zwischen cross und marker, gewinnt die Unterscheidung jene Fähigkeit, auf die es ankommt, um sie in selbstreferentiellen Systemen nicht nur für eine einfache Schließung auf der Ebene der Operationen, sondern auch für eine zweite Schließung auf der Ebene der Organisation dieser Operationen in Anpruch nehmen zu können. Sie ist Operator (cross) und Operand (marker), beides zugleich und operativ immer nur eines von beidem, und ermöglicht so jene doppelte Schließung im Sinne von Heinz von Foerster [243: 45 ff.; 245], die ein System kognitionsfähig macht. Denn erst jetzt kann die eine Unterscheidung sowohl verwendet als auch beobachtet werden, muß jedoch für dieses sowohl/als auch ein imaginärer Zustand eingenommen werden, in dem die Entscheidung nicht getroffen, aber ermöglicht wird. Die doppelte Schließung schließt das System um den Preis seiner Öffnung in der Zeitdimension, die ihrerseits eine selbstproduzierte Öffnung ist, nämlich eine Öffnung, die sich der Wiedereinführung der bereits verwendeten Unterscheidung in das Unterschiedene und damit der Entdeckung ihrer ausbeutbaren Zweideutigkeit verdankt.

Das Problem der Selbstreferenz, der Differenz von Selbst und Referenz, wird damit operationalisiert in das Problem einer doppelten Zirkularität, für das es wiederum nur eine einzige Lösung, nämlich die Lösung der Selbstreferenz qua Differenz gibt. Die Selbstreferenz setzt multiple Konstitution [138: 65 ff.] oder auch Iterabilität [37] voraus, in die sie operativ nicht aufgelöst werden kann, die aber ein Beobachter als Voraussetzung dessen, was durch seine Voraussetzungen nicht erklärt werden kann, beschreiben kann. Selbstreferenz wird damit zu einer Chiffre für Rekursivität, die sich der Deutung des Zweideutigen verdankt, der Entscheidung des Unentschiedenen, der Bestimmung des Unbestimmten, usw., und dafür auf imaginäre Zustände verweist, in denen als nicht entschieden festgehalten wird, was entschieden wird.

Die Theorieform des Systems

Unbestimmte Selbstbestimmung

Die Systemtheorie gehört zu den Jokern der interdisziplinären und vor allem transdisziplinären Diskussion in den Wissenschaften dieses Jahrhunderts. Kaum hat sie sich in der Durchführung ihrer Möglichkeiten in der einen Disziplin erschöpft, taucht sie in einer anderen Disziplin wieder auf. Sie ist immer wieder für einen überraschenden, vielversprechenden und befreienden Anfang gut, verliert jedoch an Überzeugungskraft, sobald sie für die einzig mögliche Theorie gehalten wird. Das ist eine Eigenschaft, die sie mit dem Konstruktivismus, ihrer Erkenntnislehre, teilt, über den der Philosoph Hannes Böhringer [22: 48] einmal gesagt hat, daß er nur als Zeichnung, Skizze und Modell, aber nicht in dem Versuch seiner Vervollkommnung zu überzeugen vermag. Vielleicht hat eine Theorie immer diese Qualität eines Jokers, der die Dinge durcheinanderbringt, indem er an Stellen Verzweigungen schafft, an denen man nicht mit ihnen rechnete, den man jedoch immer dann, wenn man einer der Verzweigungen folgt, wieder aus den Augen verliert – bis er eine neue überraschende Verzweigung schafft [217: 235 ff.; 39]. Der Joker ist das Prinzip der Nichtlinearität. Er etabliert eine parasitäre Beziehung zu einer bereits bestehenden Relation (Abb. 1):

Abb. 1: Der Parasit

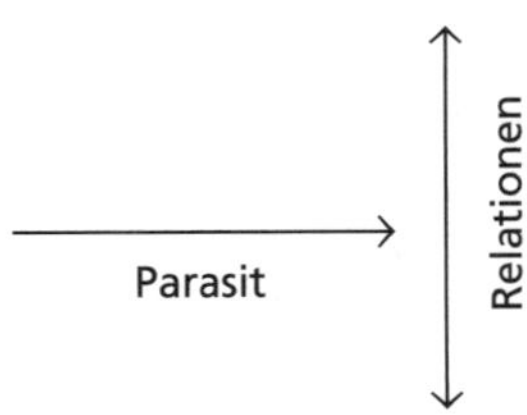

Dadurch schafft er an einer Stelle eine überraschende neue Möglichkeit, an der man sich längst mit den bestehenden Verhältnissen eingerichtet hatte. Man kann das mit folgendem Schaubild verdeutlichen (Abb. 2):

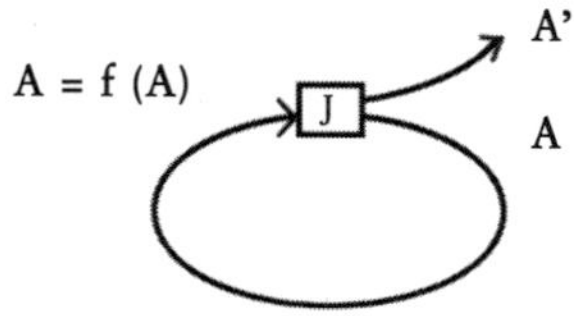

Abb. 2: Der Joker schafft eine Verzweigung

Mitten im Rad der Verhältnisse [234], das das Bestehende **A** reproduziert, wie nur dás Bestehende es sich wünschen kann, taucht ein Joker **J** auf und produziert eine Abweichung **A'**. Wie der Joker in diese Box kommt, weiß nur ein Mensch. Das Denken stellt sich taub und blind. Die Tradition spricht von einer Korruption der kosmischen Ordnung, von einer diabolischen (von ›dia‹, griech. = ›durch‹, ›hindurch‹, ›zwischen‹, ›auseinander‹) Störung des göttlichen Schöpfungsplans, von einer Täuschung der Erkenntnis in ihrer Korrespondenz mit einem immer gleichen Sein. In den Fällen, in denen Abweichungen positiv konnotiert werden sollen, spricht die griechische Tradition von ›Erinnerung‹, die jüdisch-christliche von ›Offenbarung‹. Dieses Denken abstrahiert vom Joker und betrachtet **A'** als eine Variante von **A**. Wesentlich ist die Bestätigung der Tautologie **A = f (A)** auch dann, wenn **A' ≠ A**.

Wissenschaftliche Erkenntnis scheint traditionell auf dem Kausalitätsprinzip oder dem Satz vom Grunde zu bestehen und für alle Abweichungen, die mit diesem Prinzip oder diesem Satz nicht erfaßt werden können, irrational-mystische Annahmen in Reserve zu halten. Jede Kritik des Kausalitätsprinzips verfällt daher zunächst einmal dem Verdacht irrationaler Mystik, weil die Tradition keine andere Außenseite wissenschaftlicher Erkenntnis kennt, und weil sie auf deren

Innenseite immer für eine Koalition von Kausalität und Rationalität optiert hat, um nicht nur die Vernunft der Welt, sondern auch die Fähigkeit der Welt, sich selbst Grund und Wirkung sein zu können, behaupten zu können.

Die Systemtheorie unternimmt nun nichts anderes als eine solche Kritik des Prinzips der Kausalität. Sie übernimmt aus der Mathematik den Begriff der Funktion [111: 133 ff.] und stellt das Erklärungsprinzip der Wissenschaft von Ursache und Wirkung um auf sich wechselseitig bestimmende beziehungsweise einschränkende Variablen. Gregory Bateson [15: 515 ff.] spricht vom kybernetischen Erklärungsprinzip. Phänomene werden nicht mehr über Ursachen erklärt, die ihnen äußerlich sind, sondern über Einschränkungen, die sie im Unterschied zu ihrer Umwelt konstituieren.

Denn wie können Ursachen, wenn sie doch Wirkungen *bewirken* sollen, diesen Wirkungen ›äußerlich‹ sein? Man sieht, daß in diesem Erklärungsprinzip die Schließung der Welt bereits beschlossene Sache ist, bevor man sich nach Ursachen umschaut, die ›außerhalb‹ der Phänomene liegen, oder nach Wirkungen, die ebenfalls nicht in den Phänomenen, sondern ›andernorts‹ anfallen. Kürzer gefaßt, postuliert das kausale Erklärungsprinzip den *Unterschied* zwischen Ursache und Wirkung [16: 138], ohne darüber Auskunft geben zu können, wer diesen Unterschied setzt, wenn dies nicht ein Beobachter tut, der dann jedoch seinerseits als Ursache einer Wirkung und Wirkung einer Ursache verstanden werden muß.

Die Systemtheorie verlängert zunächst nur die klassische Welttheorie, indem sie mit Hilfe des kybernetischen Erklärungsprinzips jedes System als Funktion seiner selbst beschreibt:

$$S = f(S).$$

Jedes System ist eine Funktion der Einschränkungen, die es konstituieren. Das ist genauso tautologisch wie die klassische Welterklärung. Allerdings wird die Kausalität in einem zweiten Schritt gespalten, indem die Formel erweitert wird zu der Behauptung, daß jedes System eine Funktion seiner selbst *und seiner Umwelt* ist, und letzteres in der Weise, daß es sich *in dieser Umwelt von dieser Umwelt* unterscheiden können muß. Das System wird als der Unterschied definiert, den es macht:

$$\mathbf{S = f\ (S, U).}$$

Das System **S** ist eine Funktion **f** seiner selbst, **S**, und seiner Umwelt, **U**.

In einem dritten Schritt, der innerhalb der Systemtheorie bis heute zwischen biologischen und soziologischen Theorievarianten auf der einen Seite und ingenieurwissenschaftlichen Varianten auf der anderen Seite umstritten ist und unter dem Stichwort des Paradigmas der ›Selbstorganisation‹ nach wie vor für Unruhe sorgt [44; 194], wird das System geschlossen und damit zur Funktion seiner selbst erklärt:

$$\mathbf{S = S\ (S, U).}$$

Damit handelt sich die Systemtheorie das Problem einer Oszillation zwischen Tautologie [**S = S (S)**] und Paradoxie [**S = S (U)**] ein, das im Nachhinein verständlich macht, welche theorietechnische Leistung in der Einführung des Funktionsbegriffs bestand. Das kleine **f** verschob die Frage nach der Reproduktion des Systems auf ein Drittes, das sich weder in der Identität des Systems (**S = S**) noch in der Differenz zwischen System und Umwelt (**S ≠ U**) erschöpfte. Dieses Dritte ist der Joker, den niemand je zu Gesicht bekam, dem die Systemtheorie jedoch nicht aufhört nachzustellen.

Die Abweichung, die die Systemtheorie als Joker im Gebäude der alteuropäischen Welttheorien produziert, ist die Spaltung der Kausalität in eine *geschlossene Kausalität* einerseits, und eine *unbestimmte Kausalität* andererseits:

(1) Das System wird als Ursache und Wirkung seiner selbst postuliert (damit wird die Welttheorie als Welt*theorie* aufgenommen, das heißt als Beschreibung alternativ gesetzt).

(2) Es wird in Rechnung gestellt, daß in der Umwelt des Systems weitere Ursachen auftreten können, deren Wirkung im System unbestimmt ist, weil das System grundsätzlich auf den Unterschied gegenüber der Umwelt angewiesen ist, also Kausalität (mit Ausnahme der das System zerstörenden und der vom System unbemerkten) unterbrechen können muß. Wenn das System als Ursache von externen Wirkungen beschrieben wird, die ihrerseits unbestimmte Wirkungen auf das System ausüben können, spricht man von ›Turbulenz‹ [50].

Die wesentliche Entdeckung der Systemtheorie ist somit nicht etwa der Systemcharakter der Welt. Eine solche Interpretation würde sie in die Begrifflichkeit der gerade überwundenen Welttheorien zurückholen. Sondern ihre wesentliche Entdeckung ist die Umwelt. Daher sollte sie zur Vermeidung von Mißverständnissen, die aber mittlerweile die durchaus fruchtbare Regel sind, ›Umwelttheorie‹ oder zumindest ›Systemumwelttheorie‹ genannt werden. Die Systemtheorie ist damit, genau besehen, ein Komplement zur Evolutionstheorie des 19. Jahrhunderts (Darwin), die ebenfalls von der Entdeckung des ›Milieus‹, der ›Umwelt‹ etc. profitiert, die Selektion jedoch nicht innerhalb, sondern außerhalb des ›Organismus‹, ›Systems‹ etc. lokalisiert. Dementsprechend schwierig und theoretisch anspruchsvoll sind jüngere Integrationsversuche von Systemtheorie und Evolutionstheorie [104].

Gegenüber der klassischen Welttheorie ist die Spaltung der Kausalität das Skandalon der Systemtheorie. Denn sie führt die Asymmetrisierungsleistung der Kausalität (›die Ursache *ist nicht* die Wirkung‹) ad absurdum, indem sie zum einen Ursache und Wirkung zirkulär miteinander verknüpft (man spricht von ›Rückkopplung‹ und ›Abweichungsverstärkung‹) [174] und zum anderen genau dort Unbestimmtheit zuläßt, wo es dem Kausalitätsprinzip um Bestimmungsleistungen ging: im Verhältnis von Ursache und Wirkung. Wirklich beunruhigend ist dieses Skandalon, weil es in keiner Weise ausschließt, weiterhin von Kausalität zu sprechen.

Doch wird Kausalität jetzt zum Spezialfall einer Erklärung aus dem Prinzip der Einschränkung und erklärt nur noch eins, nämlich unter dem Gesichtspunkt einer »image-induced causality« [78: 214] die Selbsteinschränkung eines Beobachters, der aus der Vielzahl möglicher Ursachen und Wirkungen diese oder jene zur Erklärung eines Phänomens auswählen zu können glaubt und damit zwar die eigene ›Freiheit‹ der Wahl unter Beweis stellt, aber auch dies nur als Möglichkeit, sich so oder anders ›festzulegen‹. Aus dem Blickwinkel der Systemtheorie sieht man, daß ein kausal erklärender Beobachter mit seinen Erklärungen das eigene Verhältnis zur Welt festlegt, auf ›Freiheit‹ besteht, weil er es so oder anders festlegen kann, es dann jedoch mit dem Problem zu tun bekommt, sozial, wenn schon nicht sachlich, einzuschränken, welche Wahl unter der unendlichen Anzahl möglicher Ursachen und Wirkungen jeweils vorgenommen wird.

Aber die Abweichung, die die Systemtheorie gegenüber der klassischen Welttheorie produziert, erschöpft sich nicht in der Kausalitätskritik. Ebenso wichtig ist die Frage danach, wie jene Zirkularität zu beschreiben ist, die die klassische Welttheorie nur hinter ihrem eigenen Rücken zugelassen hat. Wie ist ein System als Funktion seiner selbst und seiner Umwelt zu verstehen? Was hat es, um die beiden Typen der neugewonnenen Kausalität in einen Begriff zu bringen, mit jener *unbestimmten Selbstbestimmung* auf sich?

Um auf diese Fragen antworten zu können, nimmt die Systemtheorie einen Blickwechsel vor. Dieser Blickwechsel ist für alles Weitere ausschlaggebend, verstellt jedoch zugleich die Differenz zur Welttheorie, wie wir gleich sehen werden. Das heißt, obwohl sie ganz etwas anderes ist, sieht sie aus wie die klassische Welttheorie. Der Blickwechsel nimmt nichts Geringeres als eine Reinterpretation des Jokers vor. Der Joker wird, orientiert am Vorbild des Maxwellschen Dämons, nicht mehr verteufelt oder vergöttlicht, sondern als Unterscheidungsvirtuose in den Dienst genommen. Die Box, in der er sein Unwesen trieb und Korruption, Verführung und Irrtümer produzierte, wird unter Beobachtung gestellt und für jene unbestimmte Selbstbestimmung verantwortlich gemacht, die die Systemtheorie zu beschreiben sucht. Das aber heißt nichts weniger, als daß man ihn verpflichtet, die Abweichungen nicht mehr zu produzieren, sondern auf Abweichungen zu reagieren. Niemand, so die Annahme, kann das besser als jener Joker, dessen Beobachtungen nicht an den Dingen festkleben, sondern sich auf Relationen kaprizieren. Und genau das ist das Rätsel der Systemtheorie: Wie werden die Selbstbestimmung des Systems und die Unbestimmtheit des Systems durch die Umwelt miteinander *in eine Relation* gebracht?

Orientiert an der systemtheoretischen Basisfunktion, **S = S (S, U)**, ist das dazu passende Schaubild folgende Abb. 3:

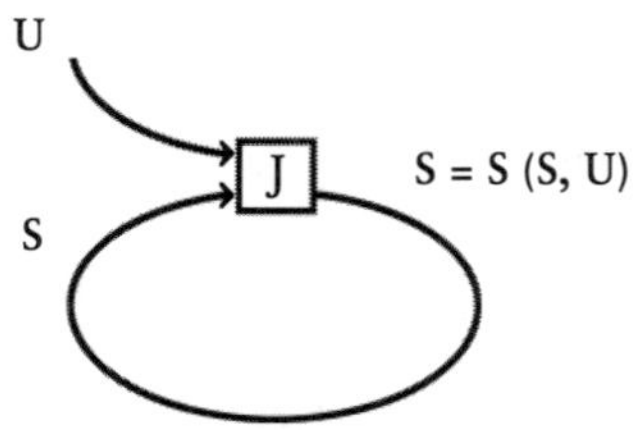

Abb. 3: perturbierte Rekursion

Der Joker **J** sitzt in der Box und ist für die Funktion **S** verantwortlich, die das System **S** zur Funktion seiner selbst, **S**, und seiner Umwelt **U** macht, so daß man den Joker als eine Funktion der Funktion **S**, beziehungsweise die Funktion **S** als eine Funktion ihrer selbst und des Jokers beschreiben kann: **S = S (S, J)**. Die Systemtheorie wird damit zu einer Theorie des Systems als Funktor seiner selbst [245] und der Joker bekommt die Aufgabe der Enttautologisierung aufgetragen, die er dadurch löst, daß er eine Unterscheidung von Operationen und Beobachtungen beziehungsweise von Schließung erster Ordnung und Schließung zweiter Ordnung produziert [243: 211 ff.]. Darauf kommen wir zurück.

Man sieht an dem Schaubild, wie die Systemtheorie in der Tat in den Verdacht geraten kann, ihr eigenes Skandalon einer Spaltung des Kausalitätsbegriffs durch eine Übernahme der Tautologie der Welttheorie zu erkaufen. Denn so wie sich für die Welttheorie die Welt hinterrücks als Funktion ihrer selbst einstellte, so beschreibt nun die Systemtheorie ein System *als Funktion seiner selbst*, scheint also letztlich Einheitsgesichtspunkten ebenso zu huldigen, wie dies die Welttheorie tat.

Tatsächlich täuscht jedoch dieser erste Eindruck. Er unterschätzt den Joker. Denn dieser Joker ist nicht zu einem diensteifrigen Funktionär in den Händen der Systemdynamik geworden, sondern er verwaltet jene Differenz zwischen System und Umwelt, die das System ist, von der das System jedoch nichts weiß. Er verwaltet die Relation zwischen Selbstbestimmung und Unbestimmtheit. Er ist der Mechanismus, den man »nur beobachten, aber nicht verstehen« kann [110]. Denn der Preis, den man bezahlen muß, wenn man den Joker in den Dienst des Systems stellt, ist die Konzession, daß er *das System als Abweichung seiner selbst reproduziert.* Oder anders formuliert: Jede Verschaltung des Systems als Ursache seiner selbst mit einer unbestimmten Ursache außerhalb des Systems in der Umwelt des Systems macht das System als Ursache seiner selbst zu einer anderen Ursache seiner selbst. Die Reproduktion des Systems in einer Umwelt wird erkauft durch eine Drift des Systems, die man als ›evolutionär‹ beschreiben kann, wenn man davon ausgehen will, daß das System eine Chance hat, jene Umwelt mitzuselegieren, deren ›natürlicher Selektion‹ es sich aussetzt. In jedem Falle jedoch gilt: Das System reproduziert sich nicht als Identisches, sondern als Differentes.

Die Systemtheorie unterscheidet daher zwischen Rückkopplungen, Rekursionen oder Iterationen, die das System aus den Operationen des Systems reproduzieren, und Perturbationen, die auf unbestimmte, nur vom Joker zu bestimmende Weise, von den Iterationen aufgegriffen werden und diese Iterationen variieren. Korrekterweise müßte die Formel daher lauten:

S' = S (S, U).

Die Systemtheorie ist als eine Theorie zu verstehen, die den Unterschied zwischen **S'** und **S** wiederum auf **S**, genauer: auf **S (J)**, zurechnet, so daß wiederum

S = S (S, U),

und daher konsequenterweise auf der Grundlage der Annahme **S ≠ S, wenn S = S (S, U)** operiert. Im Gleichheitszeichen gibt sich zu erkennen, daß das System nichts anderes ›ist‹ als der Unterschied zwischen dem System und seiner Umwelt.

Der Joker

Für alles Weitere – wir befinden uns noch in der Skizze, noch nicht in der Durchführung – ist nun entscheidend, wie die Systemtheorie den Joker, die Idee der gespaltenen Kausalität, das Problem der unbestimmten Selbstbestimmung und die Paradoxie des **S ≠ S, wenn S = S (S, U)** in Arbeit versetzt.

Jede Systemtheorie erkennt man zunächst einmal daran, daß sie sich von Problemen und Paradoxien nicht abschrekken läßt, sondern nach Lösungen dieser Probleme und Paradoxien *im Gegenstand* sucht. Mit anderen Worten, sie rechnet sich die Probleme und Paradoxien selber zu, identifiziert sie als Charakteristiken dessen, was unter den gegenwärtigen wissenschaftlichen Bedingungen als Erkenntnis möglich ist, und geht davon aus, daß der Gegenstand seinem Beobachter, insbesondere dem wissenschaftlichen Beobachter, hinsichtlich der Lösung seiner Probleme voraus ist. Das unterscheidet die Systemtheorie etwa von dekonstruktiven Philosophien, die den Beobachter in das Dilemma der Erkenntnis seiner Probleme und Paradoxien locken und dort festhalten, bis er den ›Fehler‹ macht, selbst zum ›Gegenstand‹ zu werden und mit einer Lösung dieser Probleme und Paradoxien, das heißt mit der Einführung einer Unterscheidung aufzuwarten. Evidenterweise ist dieser ›Fehler‹ kein

Fehler, sondern die Bedingung des Aktiv-, wenn nicht sogar Lebendigwerdens. Vielleicht kann man die Dekonstruktion daher auch als eine Wette auf die Möglichkeit eines solchen Fehlers verstehen.

Wir werden auf die Frage, wie die Systemtheorie mit ihrer eigenen Erkenntnisform zu Rande kommt, im folgenden Abschnitt zurückkommen. Hier ist es erst einmal wichtig, festzuhalten, daß die Systemtheorie von der Lösung der genannten Probleme im Gegenstand ausgeht. Man kann sogar sagen, daß für sie ein ›Gegenstand‹ durch genau diese Lösungsfähigkeit definiert ist, also gerade nicht dadurch, daß er ein ›Problem‹ ist, sondern dadurch, daß er die Lösung eines Problems ist. Sie richtet ihre Unterscheidungen darauf, herauszufinden, wie diese Lösungen zustande kommen.

Darum ist vor allem für die frühe Systemtheorie kaum ein Begriff wichtiger als der des *steady state* oder *Fließgleichgewichts*. Was immer in einem System und mit einem System geschieht: solange es beobachtet werden kann (beziehungsweise: solange es seine Beobachtungen aufrechterhalten kann; denn alle diese Aussagen gelten auch für den Beobachter, der selber ein ›System‹ im genannten Sinne ist), existiert es in irgendeinem Sinne, das heißt, es erhält sich aufrecht, es reproduziert sich, wobei hier die Rede von ›es‹ und ›sich‹ der **S ≠ S, wenn S = S (S, U)** unterliegt. Diese Bedingung wird häufig in die Formulierung gebracht, das System befinde sich ›im Ungleichgewicht‹, aber dies macht strenggenommen nur in einem an die Thermodynamik angelehnten Systembegriff Sinn, der von ›offenen‹ Systemen sprechen muß, da andernfalls das System von der größeren Wahrscheinlichkeit eines entropischen Zustands eingeholt würde. In den Worten von Ludwig von Bertalanffy [240: 142]: »Under certain conditions, open systems approach a time-independent state, the so-called steady state (*Fließgleichgewicht*). The steady state is maintained in distance from true equilibrium and therefore is capable of doing work; as it is the case in living systems, in contrast to systems in equilibrium. The system remains constant in its composition, in spite of continuous irreversible processes, import and export, building-up and breaking-down, taking place.« Man spricht von einem Fließgleichgewicht, um das Phänomen der Kontinuität des Diskontinuierlichen beziehungsweise der Reproduktion einer Identität aus Heterogenität zu bezeichnen und hat dann grundsätzlich die Wahl, das Konzept eher mit Blick auf die sich erhaltende Einheit [15] oder eher mit Blick auf die sich immer wieder einspielende Vielfalt [32] zu verwenden, muß dabei jedoch in Rechnung stellen, daß dies zwei Seiten einer Medaille sind.

Ludwig von Bertalanffy schließt einen zweiten Begriff unmittelbar an, der sich vor allem in der Reinterpretation des Kausalitätskonzepts bewährt hat. Bertalanffy spricht von *äquifinalen* Systemen, um zum Ausdruck zu bringen, daß Systeme im Fließgleichgewicht von ihren Anfangsbedingungen unabhängig und in dem Sinne gegenüber Störungen indifferent werden, als es ihnen immer wieder gelingt, Perturbationen aller Art ›äquifinal‹ in die Reproduktion der Iterationen des Systems umzusetzen [240: 142]: »If a steady state is reached in an open system, it is independent of the initial conditions, and determined only by the system parameters, i.e., rates of reaction and transport. This is called *equifinality* as found in many organismic processes, e.g., in growth.« Damit reagiert Bertalanffy konzeptionell auf das Problem der unbestimmten Selbstbestimmung und auf die Paradoxie des **S ≠ S, wenn S = S (S, U)**, denn ihm ist klar, daß »living organisms maintain themselves in a fantastically improbable state, preserve their order in spite of continuous irreversible processes (...)« [240: 159].

Eine andere Formulierung für das Konzept der Äquifinalität entwickelt Niklas Luhmann [129; 130; 138: 405 ff.] mit seinem *Funktionsbegriff*. Dieser Begriff wird vor allem in kritischer Auseinandersetzung mit dem sozialwissenschaftlichen Funktionalismus amerikanischer Prägung (von Bronislaw Malinowski bis Talcott Parsons) gewonnen, der das Kausalitätskonzept durch einen Funktionsbegriff zu retten versucht, der von einer finalen Kausalität (im aristotelischen Sinne) ausgeht, das heißt die Wirkung einer Ursache auch für die Verursachung der Ursache in Anspruch zu nehmen versucht (und so die Welt zur Welt schließt, wie oben gezeigt). Luhmann nimmt den Joker im System ernst und interpretiert seine Arbeit als die Arbeit eines selbstbewußt gewordenen maxwellschen Dämons, der alle möglichen vorkommenden Ereignisse daraufhin zu prüfen versteht, ob und wie sie der Systemreproduktion eingepaßt werden können. Die Funktion **f** in der Gleichung **S = f (S, U)** wird als *Vergleichsgesichtspunkt* verstanden, der es erlaubt, Umweltereignisse laufend daraufhin zu prüfen, ob und wie sie der Systemreproduktion dienen können, aber auch umgekehrt Systemereignisse daraufhin zu prüfen, ob sie in der Lage sind, Umweltereignisse aufzugreifen und der Systemreproduktion einzupassen.

Die Brisanz dieses Gedankens liegt darin, daß das System nichts anderes als diese Funktion ›ist‹, das heißt, sich als diese Funktion realisieren muß, wenn es sich von der Umwelt unterscheiden können will, daher **S = S (S, U)**. Damit wird die Bedingung des Systembestands oder Fließgleichgewichts bis hin zur Produktion der Grenzen (oder ›Interfaces‹), die das System ausdifferenzieren und in seine Umwelt wieder einbetten, zum Gegenstand der Systemoperationen selbst, und man kann nicht mehr davon sprechen, daß das System deswegen existiert, weil es eine ihm vorgängige (zum Beispiel gesellschaftliche) Funktion erfüllt. Die Funktion, von der die Systemtheorie im Anklang an mathematische Vorgaben spricht, zwingt nicht ins alternativenlose ›Funktionieren‹, sondern beschreibt einen Möglichkeitenraum, der je nach Wahrnehmung funktionaler Möglichkeiten (›Äquivalente‹) unterschiedlich erkundet und realisiert werden kann. Schon deshalb ist der Übergang vom Strukturfunktionalismus zur Idee der Autopoiesis innerhalb einer Theorie selbstreferentieller Systeme zwingend.

Viele Konzepte der Systemtheorie lassen sich als Versuche verstehen, der Arbeitsweise des Jokers auf die Spur zu kommen, das heißt die Arbeitsweise der Box zu beschreiben, in der er sein kreatives Unwesen treibt. Genau so wichtig wie die

Idee des Fließgleichgewichts, die festhält, daß das Problem der Reproduktion von organischen Systemen, psychischen Systemen, sozialen Systemen und vielleicht auch von physikalischen Systemen immer schon gelöst wird, ist daher die Idee der *Black Box*, mit der die Systemtheorie formuliert, daß sie zwar davon ausgeht, *daß* die Reproduktion gelingt, aber nicht weiß, *wie* sie gelingt [2; 66; 243: 233 ff.]. Diese Differenzsetzung zwischen dem Faktum der Reproduktion und dem Nichtwissen der Mechanismen dieser Reproduktion kennzeichnet die Systemtheorie *als Theorie*. Und die Abarbeitung dieser Differenz kennzeichnet sie *als Wissenschaft*.

Die Idee der *Black Box* verdeutlicht, daß Mechanismen ›von außen‹ nicht zu erkennen und zu entschlüsseln sind, obwohl sie ›innen‹ durchaus vorhanden sind. Man hat daher keine andere Wahl, als sich als Beobachter in ein Verhältnis zu der Box zu bringen, zum Beispiel indem man mit verschiedenen Input- und Outputvariationen experimentiert und eine Transformationsregel zu beschreiben versucht. Man muß dann jedoch erkennen, daß man nicht die Box, sondern *das eigene Verhältnis zur Box* ›aufgeklärt‹ hat und daß man, recht besehen, keine Möglichkeit hat zu beschreiben, *wie* das gelungen ist, sondern nur, *daß* dies gelungen ist. Man befindet sich somit wieder in der Ausgangssituation der Differenz zwischen Faktum und Nichtwissen, hat es jedoch jetzt mit einer zusätzlichen Black Box zu tun, nämlich dem eigenen Erkenntnisvorgang. Gerade bei gelungener ›Aufklärung‹ gilt: »Inside every white box there are two black boxes trying to get out« [68].

Wie gelingt es der Systemtheorie, diese beiden Ideen eines Fließgleichgewichts und einer Black Box beziehungsweise der Differenz zwischen Faktum und Nichtwissen miteinander zu vereinbaren? Auch hier sind einige nicht zufällig untereinander sehr ähnliche Ideen entwickelt worden, von denen ich nur vier nennen möchte:

Die erste und vielleicht wichtigste Idee ist die Idee der *Selbstorganisation* [4; 243: 211 ff.]. Im Zentrum dieser Idee steht die Konditionierung einer Differenz durch wechselseitige Beobachtung (›Kommunikation‹). Selbstorganisation ist immer dann möglich, wenn wir es nicht mit einem Joker, sondern mit zwei Jokern zu tun haben (oder wenn die Box, in der der Joker sitzt, ebenfalls als Joker verstanden wird; oder wenn der Joker à la Glanville in Beobachter und Selbstbeobachter gespalten, also ›aufgeklärt‹ wird; oder wenn die Box aus zwei Boxen besteht; usw.). Der eine Joker beobachtet, was der andere Joker tut, und gewinnt seine Anschlußhandlungen aus der Orientierung an den Handlungen des anderen (Abb. 4).

Abb. 4: Selbstorganisation

Mit anderen Worten, man führt Unbestimmtheit ein (ohne Unbestimmtheit keine *Selbst*organisation) und eröffnet die Möglichkeit der *Selbst*konditionierung, die irgendwann feststellen wird, daß sie darauf angewiesen ist, daß das Selbst im Anderen Anlässe findet, sich selbst zu konditionieren, und ohne diese Anlässe leer läuft.

Die zweite Idee ist die Idee des *Tanzes*, die Gregory Bateson [16: 15] formuliert hat, um über seine Frage nachzudenken, worin das Muster besteht, das alle Muster miteinander verbindet: »Welches Muster verbindet den Krebs mit dem Hummer und die Orchidee mit der Primel und all diese vier mit mir? Und mich mit Ihnen? Und uns alle sechs mit den Amöben in einer Richtung und dem eingeschüchterten Schizophrenen in einer anderen?« Was sich seit Warren Weaver [251] Komplexitätsforschung nennt und vielfache Bezüge zur Systemtheorie aufweist, geht von der Idee eines solchen Musters aus, das noch einmal eine andere Formulierung für die Beobachtung von Fließgleichgewichten ist, diese Beobachtung jedoch mit der theoretisch generierten und Wissenschaft generierenden (auch die Wissenschaft ist ein Beobachter; also ein System; also im Fließgleichgewicht; also eine Funktion ihrer selbst; also das, was sie ist, weil sie ihre eigenen Abweichungen iteriert ...) Vermutung koppelt, daß diese Fließgleichgewichte *selbstähnlich* sind, das heißt immer wieder bestimmte Struktureigenschaften aufweisen. Bateson glaubt, daß diese Selbstähnlichkeit im wesentlichen darin besteht, daß in der Box, die das System reproduziert, das heißt zwischen den Iterationen des Systems und den Perturbationen aus der Umwelt ein ›Tanz‹ stattfindet. Man solle das Muster, das verbindet, »als einen Tanz ineinandergreifender Teile (auffassen), und erst sekundär als festgelegt durch verschiedenartige physikalische Grenzen und durch diejenigen Einschränkungen, die Organismen typischerweise durchsetzen« [16: 22].

Abb. 5: Der Tanz

Auch hier geht es um Selbstkonditionierung aufgrund von Unbestimmtheit, allerdings unter der zusätzlichen Prämisse, daß das, was dann geschieht, sich zwar nicht kausal, aber ›ästhetisch‹ kontrolliert, nämlich orientiert an der sich durchsetzenden ›Stimmigkeit‹ des Geschehens mit einem Muster, das man ›wiedererkennt‹ und das sich aufrechterhalten läßt (Abb. 5). In diesem Sinne hat schon Friedrich Nietzsche [187: 317], offenbar bereits in bester Kenntnis neurophysiologischer Forschung, Kausalität und Ästhetik unterschieden.

Die dritte Idee formuliert das Problem der unbestimmten Selbstbestimmung eines Systems im Modell einer *nicht-tri-*

vialen Maschine [243: 244 ff.]. Hier wird die Startbedingung der Systemtheorie, nämlich bei allen Beobachtungen eine Systemreferenz anzugeben und System und Umwelt zu unterscheiden, in eine Welttheorie eingeschmuggelt, die in einer linearen, homogenen und kontinuierlichen Welt (bei welchen Störungen, Brüchen und Unterbrechungen auch immer: aber darin zeigt sich nur die Faktizität der Welt) davon ausgehen zu können glaubt, Transformationsfunktionen für Inputs in Outputs angeben zu können, sei es in der Form von physikalischen Naturgesetzen, psychologischen Charakterunterstellungen oder behavioristischen Reiz/Reaktions-Hypothesen. Stell dir vor, so fordert von Foerster diese Welttheorie auf, du bekommst es mit einer Maschine zu tun, die nicht nur Inputs erkennt und in Outputs transformiert, sondern während dieser Transformation und als Konditionierung dieser Transformation (*Selbst*motivation!) Eigenzustände abzufragen in der Lage ist. Dann gilt nicht nur **O = f (I)**, für **O** = Output, **f** = Funktion und **I** = Input. Sondern es gilt überdies **O = f (I, M)**, wobei **M** den Eigenzustand der Maschine bezeichnet. Die einfachste Möglichkeit für **M** ist zum Beispiel, daß die Maschine ganz oder kaputt sein kann. Wenn sie kaputt ist, wird sie die gewünschten Transformationen nicht leisten können. Komplizierter wird es, wenn die Maschine je nach Laune den Input verweigern oder vielleicht auch variieren kann und diese »Laune« zum Beispiel darauf reagiert, wie oft die Maschine bereits einen bestimmten Output produziert hat (Abb. 6).

Abb. 6: Die nicht-triviale Maschine

Dann heißt es plötzlich: **O' = f (I, M, O)**. Die Idee der nichttrivialen Maschine führt also ebenfalls Unbestimmtheit ein und gewinnt diese Unbestimmtheit in bester systemtheoretischer Manier aus der historischen Abhängigkeit der Maschine von ihren eigenen, bereits durchlaufenen Zuständen.

Die vierte Idee, die hier zu nennen ist, bringt systematisch kaum noch eine Variation. Ich denke an Humberto R. Maturanas [176] Idee *strukturdeterminierter und mit ihrem Medium strukturell gekoppelter Systeme*, die er als ›autopoietische‹ Systeme beschreibt. Auch hier findet sich die Grundidee, daß Systeme auf sich selbst zurückgreifen müssen, also auf vorherige Systemoperationen, wenn sie sich reproduzieren wollen, daß sie dazu jedoch auf eine gleichsam mitspielende Umwelt angewiesen sind, die jene unverfügbaren Produktionsfaktoren beisteuert, die zu aller Reproduktion erforderlich sind. Die Idee der ›poiesis‹ (im Gegensatz zur Idee einer sich selbst genügenden ›praxis‹) beruht auf diesem Übergreifen von verfügbaren und unverfügbaren Produktionsfaktoren.

Maturana ergänzt diese Begriffslage durch die Beobachtung, daß Systeme nicht nur durch ihre eigenen Strukturen determiniert sind, also nur tun können, was im Rahmen ihrer Strukturen möglich ist, sondern auch durch *die Geschichte* ihrer strukturellen Kopplungen mit ihrer Umwelt. Diese Ergänzung liegt bei näherer Betrachtung auf der Hand, denn jede Operation eines sich reproduzierenden Systems ist ja bereits eine Differenzierung zwischen Iteration und Perturbation beziehungsweise die Übersetzung einer Perturbation in eine Iteration, so daß es keine Geschichte eines strukturdeterminierten Systems geben kann, in dem diese Strukturen nicht exakt das Produkt einer sich so oder so bewährenden Auseinandersetzung mit der Umwelt des Systems sind. In diesem Sinne ist jedes System durch die Geschichte seiner Auseinandersetzung mit seiner Umwelt (die eine Auseinandersetzung mit sich selbst ist) immer schon ›individualisiert‹. Man sieht jedoch auch, daß die unbestimmte Selbstbestimmung hier bereits als bestimmt unbestimmte Selbstbestimmung gedacht wird, »bestimmt unbestimmt« insofern, als die Umwelt als genau das bestimmt (oder ›enacted‹, so Karl E. Weick [252]) ist, was in der bisherigen Geschichte des Systems bereits erfolgreich ›bearbeitet‹ wurde. Jedes System ist ein System in seiner Nische (Abb. 7).

Abb. 7: Strukturelle Kopplung

Und jedes System ist das Produkt einer Ko-Evolution von System und Umwelt, darunter auch einer Ko-Evolution von System und Systemen in der Umwelt des Systems. Aber diese Ko-Evolution übersetzt die Unbestimmtheit der Perturbationen aus der Umwelt nicht in Bestimmungen, denn damit wäre die Distinktheit des Systems gefährdet und damit auch die Ko-Evolution keine Ko-Evolution (von Systemen mit Autonomiespielräumen) mehr. Sondern es bleibt bei wechselseitigen Irritationen oder bei jenem wechselseitigen Angebot von Komplexität, das Luhmann im Anschluß an Parsons als ›Interpenetration‹ [138: 289 ff.] gefaßt hat.

Vielleicht können wir an dieser Stelle festhalten, daß es in den Ideen, die den Ausgangspunkt der Systemtheorie markieren, beim Skandalon einer gespaltenen Kausalität bleibt. Jede systemtheoretisch angeleitete Beobachtung lebt davon, daß sie eine Systemreferenz für jene Phänomene identifiziert, mit denen sie sich beschäftigen will, und dabei in Rechnung stellt, daß diese Systemreferenz keine Einheit markiert, sondern eine Differenz zwischen System und Umwelt. Aber nur mit dieser Differenz kommt man der Arbeitsweise des Jokers auf die Spur. Denn nur an der Differenz scheiden sich die Iterationen von den Perturbationen. Beide allerdings, das macht die Unruhe der Systemtheorie aus, leisten einen Beitrag zur Reproduktion des Systems.

Letztlich ist ein System nichts anders als eine Form der Kontrolle von Abweichungen durch Abweichungen, seinerseits vielleicht kontrolliert durch ein kybernetisches Grundgesetz der *requisite variety* [3], das seine Pointe darin hat, daß es grundsätzlich nicht erfüllt werden kann [71]. Längst weiß man, daß die positive Verstärkung von Abweichungen ein System mindestens ebenso ›stabilisieren‹ kann wie die negative Korrektur der Abweichungen [229]. Die Industriegesellschaft ist darauf, so lange es gut geht, die beste Probe [219]. Tatsächlich kontrolliert ein System sich nicht dadurch, daß es eine angesichts der Komplexität seiner Umwelt ausreichende Eigenkomplexität aufweist. Sondern es kontrolliert sich dadurch, daß es sich an seine eigene beschränkte Komplexität hält und an allen jenen Stellen, an denen ihm die Beschränktheit auffällt, jene Unbestimmtheit qua Mehrdeutigkeit [252] und Intransparenz [163] einführt, die es gegenüber der eigenen Selbstbestimmung wachsam bleiben läßt. Man könnte auch von der Einführung von Intelligenz sprechen, wenn ›Intelligenz‹, wie oben ausgeführt, heißt, Nichtwissen nicht anderen, sondern sich selbst zuzurechnen.

Ein philosophischer Begriff, eine wissenschaftliche Funktion

Nach wie vor befinden wir uns, so hoffe ich, auf der Ebene der Skizze, nicht ihrer Durchführung. Wir klären den Ausgangspunkt der Systemtheorie und arbeiten heraus, mit welchen Konzepten sie die Unwahrscheinlichkeit dieses Ausgangspunktes abarbeitet. Wir bewegen uns auf der Ebene der allgemeinen Theorie, achten also hier nicht darauf, daß sich die Applikationen der Systemtheorie auf ingenieurwissenschaftliche Fragen, naturwissenschaftliche Fragen und sozialwissenschaftliche Fragen je nach der Typik des Gegenstandes unterscheiden werden. Wir wissen, daß die Systemtheorie es in ihrer Durchführung mit ganz unterschiedlichen

Problemstellungen, Beobachtungsweisen und Methodiken zu tun bekommt, die nicht einmal so sehr vom jeweiligen Gegenstand, sondern von dem bestimmt werden, was die jeweiligen Wissenschaften, sozial abgesichert in ihren scientific communities, für opportun, objektiv und wissenschaftlich halten. Viel Streit in und über die Systemtheorie resultiert aus diesen unterschiedlichen Wissenschaftskulturen, die erst neuerdings, angeregt durch die naturwissenschaftliche Rezeption der Systemtheorie und durch die Unbekümmertheit, mit der die computergestützten Wissenschaften des Artificial Life mit jahrhundertealten Distinktionen zwischen Seele und Körper, Geist und Materie, Wort und Sache umgehen, wieder einer gewissen Konvergenz Raum geben [119; 120; 23].

Nach wie vor befinden wir uns auf der Ebene begrifflicher Überlegungen. Sorgsam vermeiden wir die von Alfred North Whitehead [255: 20] identifizierte und von Gregory Bateson [14: 280 ff.] unterstrichene ›fallacy of misplaced concreteness‹, die darin besteht, vom Umstand, daß man ein Wort hat, darauf zu schließen, daß es zu diesem Wort auch eine durch das Wort bezeichnete Sache gibt. Wir gehen nicht davon aus, daß es Systeme gibt. Aber wir gehen, so Luhmann, davon aus, daß es sinnvoll ist, »Überlegungen« [138: 30] anzustellen, die davon ausgehen, daß es Systeme gibt. Das heißt, wir verwenden ein Konzept zweiter Ordnung, dessen Leistung darin besteht, unser Wissen und unser Fragen anders zu sortieren als bisher – etwa ausgehend von einer Kritik der Kausalitätsprämisse und von einer Einführung des Funktionsbegriffs. Der Systembegriff beschreibt, was wir beschreiben, und er beschreibt, wie wir etwas beschreiben. Und er führt, konsequent durchgeführt, dazu, daß wir unsere bisherige Beschreibungsweise erkennen [164: 866 ff.] und beginnen, mit neuen Beschreibungen zu experimentieren [164: 36 ff.; 32].

Damit wird die Systemtheorie zu einem ›philosophischen‹ Unterfangen im Sinne Whiteheads [255: 20]: »The explanatory purpose of philosophy is often misunderstood. Its business is to explain the emergence of the more abstract things from the more concrete things. It is a complete mistake to ask how concrete particular fact can be built up out of universals. The answer is, ›In no way.‹ The true philosophic question is, How can concrete fact exhibit entities abstract from itself and yet participated in by its own nature? In other words, philosophy is explanatory of abstraction, and not of concreteness.« Dieses Verständnis von Philosophie kommt der Systemtheorie in der Tat entgegen, denn diese Philosophie behandelt Konstitutionsfragen, deren Lösung nicht in einer Ontologie der Substanzen und Essenzen, sondern in einer Ontologie der Relationen und Distinktionen gesehen wird. Die Emergenzfrage ist die Frage nach den (unter Umständen selbstähnlichen) Mustern, die bei der Konstitution der Phänomene eine Rolle spielen und die durch die Art und Weise der Bezugnahme der Elemente aufeinander, ihren Tanz, hervorgebracht werden. Das Abstrakte ist einerseits das entsprechend der Tradition begrifflich Verallgemeinerte, andererseits jedoch das Muster, das zu erkennen eine ganz andere Schulung des Blicks erfordert. Das soll nicht heißen, daß die Tradition mit ihrer Insistenz auf normativen Ordnungen falsch lag. Aber es soll heißen, daß die Tradition eine Mustererkenntnis betrieb, die gegenüber dem Unvorhersehbaren, dem Individuellen, dem Ereignis und der Geschichte, also gegenüber dem Konkreten, auf eine Art und Weise abwertend war, wie man es sich in der modernen Gesellschaft nicht mehr leisten will und kann und dank der ›new science of chaos and complexity‹ [229; 124] auch nicht mehr leisten muß.

Das bedeutet, daß der Systembegriff in erster Linie als Begriff ernst zu nehmen ist. Seine begriffliche, also philosophische Leistung liegt darin, daß er eine neue Denkweise konstatiert und performiert. Dieser Begriff ist philosophisch in dem Sinne, als er notwendig ist und fremd und in dieser Form das Denken darin hindert, »zur bloßen Meinung, Ansicht, Diskussion, zum Geschwätz zu werden« [31: 198]. Er ist aber auch insofern philosophisch, als er nicht nur eine konzeptionelle Dimension hat, die auf Relationen zu anderen Begriffen (zum Beispiel Kausalität, Funktion) abstellt, sondern auch eine perzeptive und eine affektuelle Dimension

[31: 50 f. und 199]: Der Systembegriff legt nicht nur eine neue Denkweise, sondern auch neue Wahrnehmungsweisen und neue Empfindungsweisen nahe. Vielleicht darf man vermuten, daß er in diesen letzteren Dimensionen sowohl seinen Theoretikern als auch seinen Kritikern die größten Schwierigkeiten bereitet. Denn konzeptionell arbeiten wir mit dem Systembegriff an einem ›preadaptive advance‹, das unseren Wahrnehmungen und Empfindungen vorauseilt. Was wir daher gegenwärtig vor allem wahrnehmen und empfinden, ist, daß wir keine Wahrnehmungen und Empfindungen haben, die der konzeptionellen Dimension des Begriffs entsprechen. In dieser Hinsicht ist unser Nervensystem so veraltet [6], wie es unsere Institutionen sind [16: 263 ff.].

Andererseits darf all dies nicht heißen, daß man den Systembegriff auf ›Philosophie‹ zurücknimmt. Die Systemtheorie ist ein ›wissenschaftliches‹ Unterfangen und das bedeutet, daß das Konzept des Systems in erster Linie nicht als Begriff, sondern *als Funktion* von Interesse ist. Die kreative Leistung von Philosophie besteht darin, Begriffe zu schaffen, die kreative Leistung von Wissenschaft, Funktionen zu schaffen, so Gilles Deleuze [31: 178 f.]. Dabei zeichnet es die Systemtheorie aus, daß sie nicht nur einen neuen Typ von Funktion entdeckt hat, nämlich Funktionen mit selbstreferentiellen und nichtlinearen Eigenschaften à la **S = S (S, U)**, sondern gleichzeitig über ihren Gegenstand die Aussage trifft, daß dieser sich selbst funktional beobachtet, das heißt in einem Alternativenraum situiert, der so oder anders ausgefüllt werden kann. Die Systemtheorie verwendet ihren Systembegriff als einen Begriff zweiter Ordnung, der Gegenstände beschreibt, die ihrerseits auf einer Ebene zweiter Ordnung konstituiert sind und auf dieser Ebene Beobachtungen und Operationen erster Ordnung koordinieren. Das heißt, die Systemtheorie spricht grundsätzlich und ausschließlich über Phänomene, die sich mit Hilfe eines Mechanismus doppelter Schließung selbst organisieren und reproduzieren.

Eine der wichtigsten theoretischen Leistungen der Systemtheorie besteht daher in der Einführung einer Unterscheidung zwischen Operationen erster Ordnung und Operationen zweiter Ordnung, wobei diese Unterscheidung selbst zum einen eine Operation zweiter Ordnung ist, zum anderen jedoch eine Operation erster Ordnung, die die beiden Ebenen miteinander verknüpft. Hier wie auch sonst haben wir es mit einer Heterarchie [177] der Begriffe und Ebenen zu tun, nicht mit einer Hierarchie. Man kann auch sagen: Wir haben es mit Begriffen zu tun, die sich gegenseitig ›supplementieren‹ [45], also in einem mimetisch rivalisierenden Zirkel [65] wechselseitig als notwendige Voraussetzungen anfordern und zugleich zur Sicherung der jeweiligen begrifflichen Autonomie auf Distanz halten.

Auch in diesem Punkt ist die Systemtheorie eine Skizze. Sie wirft Fragen auf und gibt Antworten, die neue Fragen aufwerfen. Sie ist selber eine jener Vernetzungstechniken qua Distinktion, die sie als ihren Gegenstand beschreibt. Sie begibt sich als Operation erster Ordnung, als Empirie einer Theorie, unter jene Operationen zweiter Ordnung, denen ihre Gegenstände ihre Fähigkeit der Selbstorganisation verdanken. Mit einem weiteren Begriff könnte man daher auch sagen, daß sie als diese Theorie im wesentlichen eine ›Kommunikation‹ ist, die an einem neuen Verständnis von Kommunikation arbeitet [243: 269 ff.; 244], wenn man voraussetzen (postulieren) darf, daß Kommunikation eine weitere Bezeichnung für die Selbstorganisation, den Tanz, die Nichttrivialität, die strukturelle Kopplung ist, die in jener Box stattfindet, in der die Iterationen des Systems mit den Perturbationen der Umwelt verschaltet werden.

Kommunikation ist, wenn wir Claude E. Shannon [218] folgen, jener Prozeß einer Vermittlung von Beobachtungen mit Operationen, in dem die Beobachtungen die Operationen gleichsam nur an ihren Abweichungen erkennen und den Prozeß dadurch aufrechterhalten, daß Daten in ihn eingespeist werden, die den Prozeß korrigieren. Ein Schaubild (Abb. 8) macht das Gemeinte deutlich:

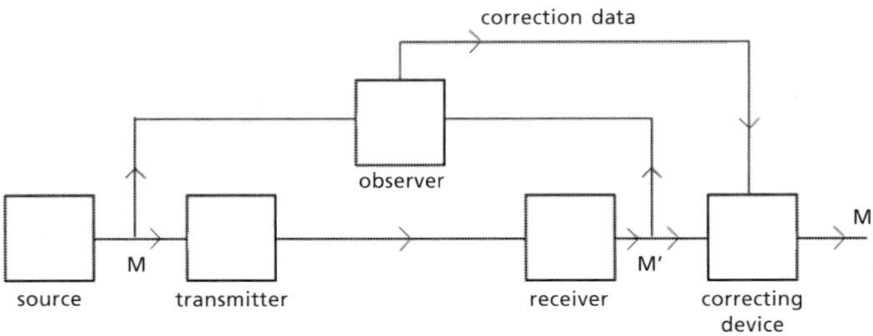

Abb. 8: Shannons Kommunikationssystem

Dieses Bild der Kommunikation [218: 68] unterscheidet sich durch die Einführung des Beobachters von der üblicherweise kolportierten Sender/Empfänger/Kanal-Schematik und es bezahlt diese Einführung mit einem (nach rechts offenen) Verständnis der Kommunikation, in dem unklar bleibt, wer etwas mit den Korrekturdaten anstellt. Man kann nur annehmen, daß der Prozeß zirkulär geschlossen wird und der Beobachter darauf wartet, daß die Quelle oder der Empfänger neue Daten produzieren. Aber genau das wird nicht gezeigt! Gezeigt wird nur, daß sich eine Kommunikation abspielt, die eine von einem Beobachter wahrgenommene (getroffene) Differenz von **M** und **M'** produziert, auf die der Beobachter mit Korrekturdaten, die die vom Beobachter wahrgenommene Differenz abbauen, also **M'** auf **M** reduzieren, reagiert. Dabei kann man sich vorstellen, daß der Beobachter seinerseits eine Quelle ist, die Nachrichten produziert, die von einem weiteren Beobachter mit Hilfe dessen Unterscheidungen auf ihre Abweichungen beim Empfänger hin gelesen und korrigiert werden. Das Schema wäre demnach mehrfach auf sich selbst anzuwenden und produziert erst in dieser Mehrfachanwendung (oder Faltung, so Turner [229]), die Komplexität, mit der wir es zu tun haben, wenn wir Kommunikation beobachten.

Dieses Verständnis von Kommunikation kann man problemlos in die Box einsetzen, die die Iterationen des Systems mit den Perturbationen der Umwelt verschaltet. Wir gelangen dann zu einem Verständnis des Systems, das einerseits in der Tat kompatibel ist mit einem kybernetischen Verständnis von Kontrolle und Regulation [256; 240: 21 f.; 2: 363], andererseits jedoch diese Kontrolle und Regulation als eine Kommunikation mit unvorhersehbarem Ausgang betrachtet. Kommunikation ist jener Eigenwert, der die Reproduktion von Systemen anzeigt, die ihre eigene Unvorhersehbarkeit dazu nutzen, jene Nichtlinearitäten zu produzieren und zu kontrollieren, die ihre Autonomie gefährden und absichern. Kommunikation ist dann in einem von Luhmann [164: 36 ff.] beschriebenen Sinne nicht Mitteilung von Wissen, das dem Rauschen abgetrotzt und gegen es durchgesetzt wird, sondern Eruierung von Nichtwissen. Denn, auch das hat man von Claude E. Shannon [218: 31] gelernt, eine Nachricht wird nicht dann verstanden, wenn man ihren Inhalt entziffert hat, sondern dann, wenn man die Differenz zwischen einer ausgewählten Nachricht und dem (sozial oder technisch unterschiedlich eingeschränkten) Möglichkeitenraum aller Nachrichten begriffen hat. Das aber heißt, daß man nur dann von Kommunikation sprechen kann, wenn dieser Möglichkeitenraum (Husserls ›Horizont‹?) mitgelesen wird als das, worüber in einer spezifischen Kommunikation nur insofern etwas gesagt wird, als er als Auswahlbereich der gewählten Mitteilung mitkommuniziert wird. Kommunikation ist daher grundsätzlich Formbeobachtung im Sinne von George Spencer Brown, Eruierung des unmarked state im Unterschied zum marked state. Nur so kann sie ihre Funktion erfüllen, die Iterationen des Systems mit den Perturbationen der Umwelt zu verschalten.

Dabei liegt die zumindest die soziologische Systemtheorie beeindruckende Leistung des Kalküls von Spencer-Brown darin, für die Voraussetzung der *Differenzierung der Kommunikation in Operation und Beobachtung* eine Formulierung anzubieten, die vorstellbar macht, wie *eine* Operation *beide* Funktionen erfüllen kann, ein System sowohl zu reproduzieren als auch Anschlußstellen für die Übersetzung von Perturbationen in Iterationen zu schaffen. Die grundlegende Figur dafür ist eine Differenzierung zwischen einer

Unterscheidungsoperation (*distinction*) und der Beobachtung dieser Unterscheidungsoperation (*form*), die auf den Wiedereinschluß des durch die Unterscheidung Ausgeschlossenen in die Form der Unterscheidung abstellt (Abb. 9).

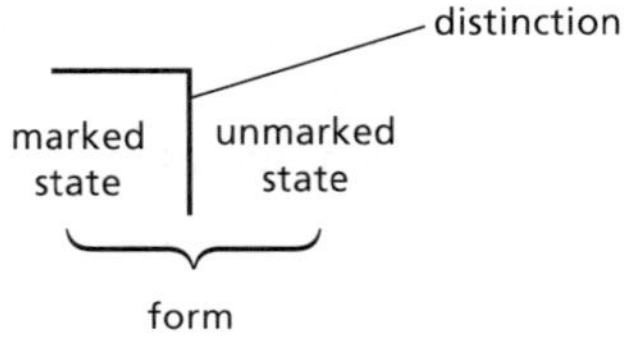

Abb. 9: die Form der Unterscheidung

Darum ist die Form die Einheit der Differenz von *marked state* und *unmarked state*, einschließlich der Möglichkeit, die Trennungslinie zwischen *marked state* und *unmarked state* zu beobachten, beziehungsweise, genauer gesagt, auf ihren Entzug (ihre *différance* im Sinne von Jacques Derrida) hin zu beobachten, denn beobachten läßt sich immer nur der *marked state* in Differenz zum *unmarked state* und zur Unterscheidungs*operation*, die die beiden *states* trennt.

Beobachtung zweiter Ordnung heißt dann: Formbeobachtung, das heißt Beobachtung jeder einzelnen Operation im Hinblick darauf, (1) was sie als Bezeichnung für mögliche Anschlußoperationen markiert, (2) im Hinblick darauf, daß jede Markierung ausschließt, was sie nicht bezeichnet (ohne deswegen als Negation verstanden werden zu müssen) und (3) im Hinblick darauf, daß es die Operation als ihr eigener ›dritter‹ Wert ist, der Bezeichnung und Ausschluß in einem einzigen Akt produziert und anders gar nicht möglich wäre. Kommunikation ist in diesem Sinne Beobachtung zweiter Ordnung, nämlich Unterscheidung des Bezeichneten in einem Möglichkeitenraum, in dem diese und nicht eine andere Bezeichnung ausgewählt worden ist. Kommunikation ist daher in erster Linie Produktion und Bestätigung von Redundanz [15: 524 ff.; 160]: In jeder Kommunikation, wie spezifisch immer sie ausfällt, wird ein Möglichkeitenraum mitkommuniziert, dessen Bestimmung nicht im Belieben der Kommunizierenden liegt, sondern sozial vorwegselegiert ist und von den Kommunizierenden allenfalls ›vorgeführt‹ (›wiedereingeführt‹) werden (unter Rückgriff auf die probaten Mittel des Witzes, der Ironie, zuweilen auch des Ernstes, dann jedoch unfreiwillig), aber nicht überschritten werden kann. Aber es bleibt dabei, daß die Beobachtung zweiter Ordnung selbst nur als Operation erster Ordnung vorkommen kann, das heißt die Schließung bestätigt, auch wenn sie auf ›Regulation‹ abstellt und nicht auf ›Operation‹. In dieser Form muß sie selbst damit rechnen, von Beobachtungen zweiter Ordnung auf die von ihr vollzogene Unterscheidung und auf den von ihr vorgenommenen Ausschluß anderer Möglichkeiten hin beobachtet zu werden.

Die theoretische Leistung der Systemtheorie, ausgehend vom Skandalon der Spaltung des Kausalitätsbegriffs und damit der Dekonstruktion der Einheit der Welt und vermittelt über eine Reihe von Modellvorstellungen, die aus der Thermodynamik, der Biologie, der Neurophysiologie, der Kybernetik, der Informationstheorie und der Soziologie mit einer jeweils mehr oder weniger deutlichen Färbung durch deren Gegenstandsvorstellungen übernommen worden sind, um die Black Box **S = S (S, U)** unter der Bedingung **S ≠ S, wenn S = S (S, U)** aufzuklären, besteht in der Einführung dieses Kommunikationsbegriffs. Auf dessen Skizze legt die Systemtheorie es an. Und alle jene Durchführungen der Systemtheorie enttäuschen, die diesem Kommunikationsverständnis nicht gerecht werden und auf eine Identität der Iterationen reduzieren, was sich entlang der Funktion dieser Theorie nur als Differenz von Iteration und Perturbation verstehen läßt.

Die Theorieform des Systems liegt in dieser Insistenz auf einer sich selbst mitmeinenden Einführung einer Funktion, die das System selbst ist. Die Funktion macht darauf aufmerksam, daß die Theorie auch nichts anderes ist als eine Reproduktion auf der Grundlage perturbierter Rekursionen.

Sie versucht diese Theorie jedoch um so schärfer zu fassen, je aussichtsreicher es wird, Phänomene unter diesem Gesichtspunkt zu beschreiben. Das System wird dann selbst zum »Medium der Aufklärung« [131: 76], wenn man unter Aufklärung jetzt nicht mehr die Durchsetzung einer alles andere kontingent setzenden, zustimmungsfähigen Vernunft versteht, sondern die (eher romantische) Einsicht in die in hohem Maße ›ökologische‹, also nicht durch übergreifende Systemreferenzen gesteuerte Dynamik der Selbstorganisation und Selbstkoordination unbestimmt selbstbestimmter Systeme.

Kommunikation im Medium der Information

Lose Kopplung

Einer der Vorteile des Medienbegriffs liegt darin, daß man ihn auf nahezu jedes Phänomen anwenden kann, ohne ihn deswegen zu einem inhaltslosen Begriff degenerieren lassen zu müssen. Er gewinnt seine Spezifizität daraus, daß zwar das Phänomen, aber nicht der Aspekt, unter dem es zu beobachten ist, frei zu wählen ist. Was immer man als ein Medium beobachtet, beobachtet man unter dem Gesichtspunkt einer lose verknüpften Menge von Elementen, die eine Mehrheit von Verbindungen untereinander eingehen können, die man als Formen im Medium bezeichnet. Eine Form ist eine feste Kopplung desselben Typs von Elementen, die im Medium lose gekoppelt vorliegen. Der Medienbegriff bestimmt sich demnach aus der Differenz zur Form, und dies als Differenz zwischen loser und enger Kopplung.

Es war der Psychologe Fritz Heider [87], der dem Mediumbegriff diese Bestimmung gegeben hat. Der Begriff wurde damit einerseits theoretisch kontrollierbar, wenn theoretische Kontrolle auf die Möglichkeit der Abgrenzung von einem Gegenbegriff abstellt; andererseits hält der Begriff durchaus noch Kontakt zu älteren und immer noch aktuellen Wortverwendungen, die etwa im dtv-Lexikon auf Mittel im allgemeinen und Kommunikationsmittel im besonderen, auf die Parapsychologie außersinnlicher Wahrnehmungen und unerklärlicher Einwirkungsmöglichkeiten auf materielle Objekte, auf den physikalischen Begriff des Mediums als eines Mittels, das einen Raum kontinuierlich erfüllt und Wirkungen vermittelt, und nicht zuletzt auf ein im Griechischen noch erhaltenes Genus Verbi verweisen, das die Teilnahme eines Subjekts an einer sich am Subjekt oder in seinem Interesse vollziehenden Handlung (zum Beispiel »ich wasche mir die Hände«) bezeichnet.

Der Begriff des Mediums bringt eine bereits sichtbare Tendenz des Wortes Medium zum Ausdruck, die darin liegt, Kausalität als ausgeschlossene einzuschließen, das heißt zwar einerseits durchaus von beobachtbaren Wirkungen auf unbeobachtbare Ursachen zu schließen, bei diesem Schluß jedoch nicht stehenzubleiben, sondern nach Möglichkeiten zu suchen, diese unbeobachtbaren Ursachen zu beobachten. Das verleiht dem Medienbegriff seine erkenntnistheoretische Paradoxie, die dadurch invisibilisiert wird, daß das Medium nicht als Ursache, sondern als Einschränkung konzipiert wird. Medien schränken ein, was an Formen möglich ist, und sind als diese Einschränkung nicht die Ursache der Formen, sondern deren Voraussetzung.

Kausalität wird eingeklammert und macht dem kybernetischen Prinzip der zirkulären Erklärung Platz [15: 515 ff.]. Wie Fritz Heider im Vorwort zur amerikanischen Übersetzung seines Aufsatzes geschrieben hat [88: ix], nimmt der Medienbegriff damit Kontakt zur Informationstheorie und Kybernetik auf. Der Schwerpunkt des Medienbegriffs verlagert sich vom umgangssprachlichen Interesse an einer rätselhaften Vermittlung von Ursachen und Wirkungen auf eine Suche nach den Eigenschaften von Medien, die Formbildung möglich machen, ohne die Formen ihrerseits zu motivieren. Man gewinnt daraus die Möglichkeit, die Formen aus den Formen zu erklären und den Medienbegriff nur dafür in Anspruch zu nehmen, die Einschränkungen der Welt zu beschreiben, die diesen zirkulären Zusammenhang der Formen tragen, ohne mit den Formen ineins zu fallen oder sich in den Formen zu verbrauchen.

In dieser Fassung der Differenz von Form und Medium kann man die erkenntnistheoretische Paradoxie des unbeobachtbaren Mediums wieder zulassen, weil jetzt deutlich ist, daß Medien grundsätzlich nur an Formen – genauer gesagt:

an der Kontingenz der Formbildungen – zu erkennen und zu beobachten sind, niemals jedoch direkt. Die Differenz von Form und Medium tritt an die Stelle der Paradoxie des unbeobachtbaren Mediums und in der Differenz zwischen Form und Medium wird die Bedingung der Möglichkeit untergebracht, zu beobachten, was sich nicht beobachten läßt.

Die Nähe zur Informationstheorie ist in der Tat augenfällig. Die mathematische Informations- beziehungsweise Kommunikationstheorie von Claude Shannon [218] hatte die Möglichkeit hinterlassen, Information nicht nur als übertragbare Auswahl von Möglichkeiten zwischen einem Sender und einem Empfänger zu verstehen, sondern auch als Maß der Ungewißheit des Raumes der Möglichkeiten, in dem sich Sender, Empfänger, Kanal, Codierungs- und Decodierungstechniken bewegen.

Im Anschluß an diese zweite Interpretation kam es zur Formulierung von Heinz von Foersters Prinzip des ›order from noise‹ [243: 211 ff.; 8], das die Steigerung der Ungewißheit unter bestimmten Voraussetzungen, nämlich bei verfügbarer Redundanz, als Steigerung wählbarer Möglichkeiten und damit als Steigerung des Selbstorganisationsspielraums eines Systems begreift. Ohne dies explizit zu machen, ist der Medienbegriff eine komplementäre Formulierung für das informationstheoretische Verhältnis zwischen maximaler Ungewißheit (H_{max}) und relativer Ungewißheit (H/H_{max}) eines Systems mit gegebener, aber variabler Ungewißheit H. Die Ungewißheit wird hier als ›Entropie‹ gemessen, die um so höher ist, je mehr Entscheidungen nötig sind, um ein Element des Systems zu bestimmen. Diese Anzahl der Entscheidungen wird auch als ›Informationsgehalt‹ des Systems bezeichnet. Der Fall von $H_{max} = 1$ wird von einem System dann erreicht, wenn es auf eine Paradoxie und damit auf den Fall einer Gleichwahrscheinlichkeit alternativer Möglichkeiten stößt, die keine Entscheidung zuläßt, weil jede Entscheidung die gegenteilige impliziert [113]. Dabei sind ›Ungewißheit‹ und ›Entropie‹ immer als ›Informationsgehalt‹ zu lesen, der sich nicht auf einzelne Nachrichten, sondern auf das System insgesamt bezieht, aus dessen Möglichkeitenraum einzelne Nachrichten ausgewählt werden können.

Heinz von Foerster weist im übrigen darauf hin, daß sich Clausius geirrt hat, als er meinte, mit dem aus dem Griechischen abgeleiteten Wort ›Entropie‹ einen Begriff für ›Nicht-Wandel‹ gefunden zu haben. Die Negation, nach der er suchte, wird im Griechischen nicht mit der Silbe ›En‹, sondern mit der Silbe ›Ou‹ gebildet. Er hätte also nicht von ›Entropie‹, sondern von ›Utropie‹ reden müssen. »Daher«, so Heinz von Foerster, »hängen wir heute an einer völlig falschen Terminologie. Und was noch schlimmer ist, niemand hat dies je überprüft! Eine ganz unglaubliche Schlamperei!« [243: 138]. Vielleicht können wir hier im Text daher einmal ausnahmsweise beim Terminus ›Utropie‹ bleiben.

Die maximale Utropie muß kleiner als 1 sein ($H_{max} < 1$), wenn sich das System thermodynamisch von seiner Umwelt unterscheiden, das heißt auch: sich selbst reproduzieren können soll. Das Verhältnis von H zu H_{max} ist die relative Utropie des Systems. Sie gibt den Spielraum wieder, der zwischen einem gegebenen und einem maximal möglichen Informationsgehalt eines Systems besteht. Der Gegenterminus zur relativen Utropie definiert die Redundanz eines Systems: $R = 1\ H/H_{max}$.

Ein Medium ist eine lose Kopplung von Elementen, die durch mögliche, aber je aktuell nicht wahrgenommene Verknüpfungen als Elemente bestimmt sind. Das Medium »erfüllt« den »Hintergrund« eines je aktuellen Informationsgehalts eines Systems im Horizont eines möglichen maximalen Informationsgehalts [64: 50 ff.]. Es bestimmt sich durch den »Überschußsinn« [133], der in je aktuellen Sinnverwendungen nur in der Form der nicht wahrgenommenen Verweisungen mitaktualisiert werden kann. Umgekehrt kann man dann formulieren, daß die von Shannon definierte Redundanz eines Systems durch den Gegenbegriff zu ›Medium‹, nämlich durch den Begriff der ›Form‹ als fest gekoppelter Menge von Elementen bestimmt werden kann. Der je aktuelle Informationsgehalt eines Systems (H) ist dessen Form in Differenz zur relativen Utropie seines Mediums, die einen Index für weitere, aktuell nicht wahrgenommene Möglichkeiten der Information des Systems abgibt.

Der Zusammenhang läßt sich mit einem Schaubild (Abb. 1) verdeutlichen.

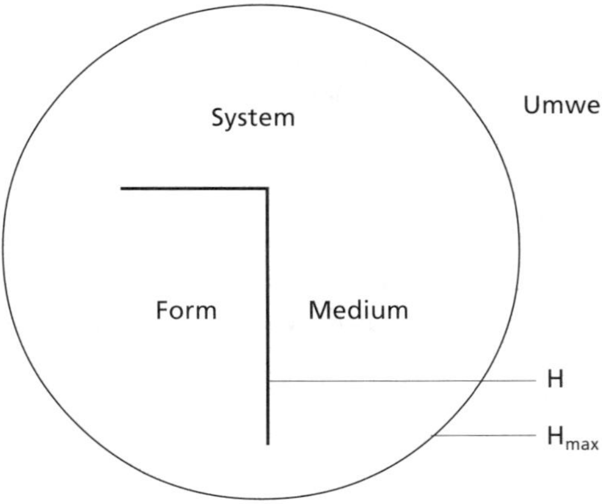

Abb. 1: Form und Medium im System

Der aus dem Formenkalkül Spencer Browns [226] übernommene Haken veranschaulicht das Verhältnis von Form und Medium oder aktueller Utropie und relativer Utropie. Dieses Verhältnis ist seinerseits Element eines Systemzusammenhangs, der sich von einer Umwelt abgrenzt. Bei dieser Fassung des Problems wird deutlich, daß das Medium eine Art innerer Umwelt des Systems ist. Man kann jedoch das Verhältnis von System und Umwelt wiederum in das Verhältnis von Form und Medium bringen. Zu diesem Zwecke muß man zwar ein neues übergreifendes System postulieren, gewinnt jedoch die Möglichkeit, auch die externe Umwelt eines Systems als Medium des Systems zu begreifen. Wenn die Systemunterscheidung Sinn macht, wird das Medium der internen Umwelt des Systems sich von dem Medium der externen Umwelt des Systems unterscheiden.

Man sieht an dem Schaubild (1), daß es für die Interpretation der aktuellen Utropie H eine Innenseite und eine Außenseite gibt. Die Innenseite stellt auf die aktuellen festen Kopplungen ausgesuchter Elemente ab und ermöglicht somit die Bezeichnung aktueller Zustände des Systems. Die Außenseite stellt auf die Auswahl dieser aktuellen festen Kopplungen aus einem eingeschlossen ausgeschlossenen Möglichkeitenraum loser Kopplungen zwischen demselben Typ von Elementen ab und bezeichnet damit für einen Beobachter des Systems (der das System selber sein kann, wenn es sich im Modus der Beobachtung zweiter Ordnung selbst beobachtet) andere, nicht gewählte Zustände des Systems.

Man kann den Kreis für das System ebenfalls in die Form des Spencer Brownschen Hakens bringen und erhält dann ein Schaubild (Abb. 2), das deutlich macht, daß die aktuelle und die maximale Utropie eines Systems als Unterscheidungen des Systems im System und des Systems von seiner Umwelt verstanden werden können. **F** steht für Form, $\mathbf{M_i}$ für internes und $\mathbf{M_e}$ für externes Medium.

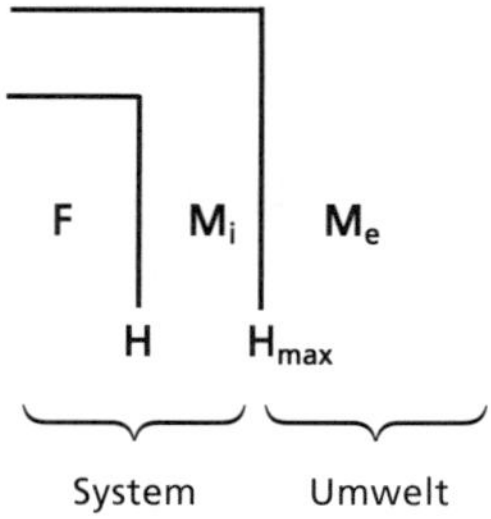

Abb. 2: H und H_{max} als Unterscheidungen

Die informationstheoretische Formulierung des Medienbegriffs hat jedoch nicht nur den Sinn, die Differenz von loser und fester Kopplung zu explizieren, von der Fritz Heider ausgegangen war. Sondern sie ist auch in der Lage, die beiden anderen Medienbegriffe zu subsumieren, die im 20. Jahrhundert entwickelt worden sind, also jene Marshall McLuhans [179] und Talcott Parsons' [190]. Erst dies belegt, daß die mathematische Informationstheorie einen Punkt der Empfindlichkeit im Prozeß der wissenschaftlichen Selbstverständigung getroffen hat, der seine Faszination immer noch nicht verloren hat.

Sowohl McLuhans als auch Parsons' Medienbegriff leiden in Konzeption und Diskussion darunter, daß sie keine Gegenbegriffe haben. Sie bestimmen sich nicht im Unterschied zu etwas anderem, sondern sie formulieren eine interne Differenz, an die man sich halten muß, wenn man den begrifflichen Gehalt der Verwendung des Titels Medium herausdestillieren will. Bei McLuhan [180: 468 und 473 f.] formuliert der Medienbegriff die Differenz von Figur und Grund. Explizit fordert McLuhan von der Kommunikationstheorie, diese Differenz zugrunde zu legen und als Kommunikation weniger die Bestimmung der Figur durch den Grund als vielmehr die Veränderung von Figur und Grund im Zuge dieser wechselseitigen Bestimmung zu begreifen. Wie das gemeint ist, wird am ehesten deutlich, wenn man sich McLuhans Forderung vor Augen führt, Bücher über Chaucers, Platos, Virgils, Dantes, Newtons und Darwins Kommunikationstheorien, das heißt über »the sort of changes, or the sort of effects, that any of these people wanted to make in their contemporaries« [180: 474], zu schreiben. Sicherlich kann man hier auch weniger bekannte Namen und schließlich gar keine Namen einsetzen, um nachzuvollziehen, was mit einer solchen Aussage über Kommunikation gesagt ist. Wir haben es hier nicht mit einem Übertragungs- und Verständigungsmodell der Kommunikation zu tun, sondern mit einem Weltkonstruktionsmodell, das an ältere Modelle der nicht überzeugungsverpflichteten, sondern inszenierungsverpflichteten Rhetorik erinnert.

Erst vor diesem Hintergrund der Unterscheidung von Figur und Grund kann man seine Aussage verstehen, das Medium sei die Botschaft, weil man im oben genannten Sinne das Medium zu beobachten versuchen muß, um an den Einschränkungen des Verhältnisses von Figur und Grund dieses Verhältnis selbst abzulesen. Auch hier haben wir es also mit dem Verhältnis von aktueller Utropie zu maximaler Utropie zu tun. Die den Medienwissenschaftler interessierende Botschaft ist nicht die Information, sondern der Einschluß des Ausschlusses der relativen Utropie in dieser Information.

Bei Parsons ist ein Medium als Austauschmedium zwischen verschiedenen Aspekten des allgemeinen Handlungssystems konzipiert. Die Differenz, die sich im Mediumbegriff versteckt, ist also die Differenz zwischen diesen Aspekten. Darum konzipiert Parsons ein Medium etwa als Integrationsleistung über Konflikte hinweg oder als Generalisierungsleistung über verschiedene Situationen hinweg. Die Struktur der Theorie ist wesentlich komplizierter als die der Informationstheorie, weil es mehrere ineinander verschachtelte Differenzierungen gibt. Man geht jedoch nicht zu weit, wenn man vermutet, daß die verschiedenen Aspekte eines Handlungssystems einerseits Redundanzstrukturen sind, andererseits jedoch für ein symbolisch generalisiertes Austauschmedium den Rahmen einer relativen Utropie abstecken, die von den Austauschprozessen selbst auf aktuelle Utropie reduziert werden muß, um einen Austausch, also wechselseitige Abstimmung zu ermöglichen.

Damit hätten wir eine allgemeine Position formuliert, die es erlaubt, von einer Medientheorie immer dann zu sprechen, wenn der Informationsgehalt eines Systems nicht an den aktuellen Verknüpfungen seiner Elemente (H) und auch nicht an den maximal erreichbaren Verknüpfungen (H_{max}), sondern am Verhältnis der aktuellen zu den maximal erreichbaren Verknüpfungen, also an der relativen Utropie

(H/H_{max}) gemessen wird. Wie in der von Fritz Heider angeregten und von Niklas Luhmann [145: 181 ff.; 159: 165 ff.] ausgearbeiteten Medientheorie kommt es auch in dieser informationstheoretisch reformulierten Medientheorie darauf an, das rekursive Verhältnis zwischen Medium und Form zu sehen. Ein Medium gewinnt sich aus Formen, weil sich die relative Utropie im Verhältnis zu den Redundanzstrukturen des Systems bestimmt. Und Formen bestimmen sich im Verhältnis zum Medium, weil die Redundanz nichts wäre ohne die relative Utropie, das heißt ohne Bestimmungsleistungen im Horizont des Unbestimmten, aber Bestimmbaren.

Der Verdacht

Diese informationstheoretische Reformulierung des Medienbegriffs kann deutlich machen, daß eines der wichtigsten Motive der Verwendung des Medienbegriffs die Möglichkeit ist, mit seiner Hilfe einen Verdacht zu formulieren. Man ist nicht mehr darauf angewiesen, die Einschränkungen aktueller Möglichkeiten der Kommunikation in den aktuellen Verhältnissen (H) zu suchen, sondern kann diese Einschränkungen auch in einem nicht direkt beobachtbaren Möglichkeitenraum (H/H_{max}) suchen, der durch die aktuellen Verhältnisse (H) und die maximal erreichbare Utropie (H_{max}) doppelt, das heißt ambivalent und variabel bestimmt ist. Diese Ambivalenz ist festzuhalten. Wir werden sehen, daß die literarische Medienwissenschaft dazu neigt, die Einschränkungen der Formbildung durch ein Medium eher an H, die soziologische Medientheorie hingegen dazu, diese an H_{max} abzulesen.

Erst diese Erweiterung der Suche nach Einschränkungen von einer je aktuellen Empirie auf den Horizontraum dieser Empirie macht die Medienwissenschaft und die Medientheorie zu dem, was sie in den letzten dreißig Jahren geworden sind. Sowohl die Verbreitungsmedien der Kommunikation, die die literaturwissenschaftlich angeregte Medienwissenschaft untersucht (›Sprache‹, ›Schrift‹, ›Druck‹, ›Funk‹, ›EDV‹ ...), als auch die Erfolgsmedien der Kommunikation, die die Soziologie zusätzlich zu den Verbreitungsmedien untersucht (›Geld‹, ›Macht‹, ›Liebe‹, ›Wahrheit‹, ›Glauben‹ ...), sind Ausformulierungen dieses Verdachts, daß die Einschränkungen der Kommunikation nicht in ihren Inhalten oder Themen und auch nicht in ihren Teilnehmern, Sendern oder Adressaten zu suchen sind, sondern in dem Typ der Verknüpfung von Elementen, der durch das jeweilige Medium angegeben wird.

In diesem Sinne kann McLuhan [179] ›sukzessive‹ von ›instantanen‹ oder ›heiße‹ von ›kalten‹ Medien unterscheiden. Diese Medien legen fest, nicht was, sondern wie in ihnen kommuniziert wird, ob eher linear oder gleichzeitig, ob eher unter hoher oder niedriger Beteiligung der Teilnehmer. In diesem Sinne können Parsons [191] und Luhmann [136, 137] von seligierenden und motivierenden Medien sprechen, die durch die Art und Weise, wie sie alter und ego aufeinander beziehen, einen bestimmten Typ von Kommunikation festlegen: Wenn alters Handeln egos Handeln, aber nicht beider Erleben festlegt, spricht man von ›Macht‹; wenn alters Erleben egos Erleben, aber nicht beider Handeln festlegt, von ›Wahrheit‹; wenn alters Erleben egos Handeln festlegt, von ›Liebe‹; und wenn alters Handeln egos Erleben festlegt, von ›Geld‹ oder auch von ›Kunst‹.

Dieser Verdacht liegt inzwischen allen Medienwissenschaften zugrunde und tendiert dazu, sich so ernst zu nehmen, daß unter der Hand die Medien zu Formen gerinnen und mit der Redundanz in eins gesetzt werden, deren inverses Komplement sie doch sind. Die Interpretation von Medien als Formen ist der Grund dafür, daß sich die Medienwissenschaft eher für den ›technischen‹ als den ›sozialen‹ Aspekt eines Mediums interessiert. Die Frage nach der Technik ist eine Frage nach Einschränkungen, die sich dadurch profilieren, daß generell zwischen gewollten und zugelassenen Effekten einerseits und nicht gewollten und (technisch) ausgeschlossenen Effekten andererseits unterschieden wird. Das Soziale zählt hier mit Ausnahme des engen Ausschnitts der technischen Nutzung zu den nichtgewollten und ausgeschlossenen Effekten. Das ändert allerdings nichts daran, daß die Technik in der Umwelt des Sozialen stattfindet. Sie muß daher minimale Ausdifferenzierungs- und Wiedereinbettungsbedingungen erfüllen, also entweder so unauffällig sein, daß sie nahezu unsichtbar wird, oder so faszinierend, daß sie um ihrer selbst willen respektiert wird. Alle weiteren Funktionsbedingungen liegen dann in einer gegenüber der Kommunikation, aber auch gegenüber dem Bewußtsein versetzten Inanspruchnahme von Zeit. Technik ist dann erfolgreich, wenn sie entweder wesentlich schneller oder wesentlich langsamer operiert als Kommunikation und Bewußtsein. Die zeitliche Versetzung ist die Bedingung für kausale Entkopplung, das heißt für die Reduktion nicht gewollter kausaler Kopplungen zwischen Technik und Sozialem auf das, was man dann ›Störungen‹ nennt.

Mit seiner These der Loskopplung der Information von der Kommunikation und der Ineinssetzung von Information und digital verarbeiteten Datenströmen hat Friedrich Kittler [107] gezeigt, wie weit man diesen Verdacht treiben kann. Von der sichtbaren Redundanz eines beobachtbaren Systems unterscheidet diese Medien dann nur noch, daß ihre Redundanz nicht sichtbar ist und mit Hilfe literarischer Verdachtsvirtuosen und verräterischer Informatik offengelegt werden muß: An der Reibungsfläche zwischen denen, die Grund haben, ihrer eigenen Sprache nicht mehr zu trauen, und denen, die den Medienverbund nicht nur programmieren, sondern auch darüber reden, zeigen sich für uns noch die Effekte einer Macht der Medien, die bald restlos sein wird. Der digitale Medienverbund, befürchtet Kittler [106: 8], wird den Begriff des Mediums selber kassieren. Diese Befürchtung ist dadurch motiviert, daß als ›Medium‹ tendenziell nur Verbreitungsmedien interessieren und unter diesen auch nur solche, die ›digitalisierbar‹ sind. Auf deren Erforschung konzentriert sich die Medienwissenschaft. Gegenüber einem Medienbegriff, der generell auf Einschränkungen der Formbildung in lose gekoppelten Elementen abstellt, diese Einschränkungen jedoch immer auch als Gewinn von Freiheitsgraden kontingenter

Formbildung und damit Systembildung lesen kann, bedeutet dies eine Reduktion, die nur durch ›Theorie‹ beobachtet und der nur durch ›Empirie‹ gegengesteuert werden kann.

Der Verdacht ist in dieser Überspitzung informationstheoretisch nicht zu halten. Den Begriff des Mediums zu kassieren, hieße, den Möglichkeitenraum der relativen Utropie zu streichen, also $H = H_{max}$ und damit $H/H_{max} = 1$ zu setzen. Damit wird gemäß der Formel $R = 1 \; H/H_{max}$ die Redundanz $R = 0$. Dies ist jedoch der Zustand maximaler Unordnung, das heißt der Zustand des ›Wärmetods‹, in dem nichts mehr geht und nichts mehr zu erkennen ist, jeden Medienverbund eingeschlossen.

Man müßte, um den Verdacht in dieser Form zu retten, die Loskopplung der Kommunikation von der Information nicht in einem System stattfinden lassen, sondern in eine Systemdifferenzierung übersetzen und von einem autonomen System des Medienverbunds und einem davon operational getrennten System der Kommunikation sprechen. Das jedoch würde bedeuten, daß man jeden operationalen Zusammenhang zwischen Kommunikation und Information in Abrede stellt und nach dem Muster ähnlicher Fälle der Systemdifferenzierung allenfalls strukturelle Kopplungen zwischen Kommunikation und Information zuläßt. Und dies wiederum ließe sich nur halten, wenn man einerseits den Medienverbund von jeglicher Determination der Kommunikation befreit und auf ein technisches System degenerieren läßt, und andererseits die Kommunikation zu einem System informationsfreier Selbstbefriedigung stilisiert und in der eigenen Tautologie leerlaufen läßt.

An diesen sich selbst ad absurdum führenden Konsequenzen des Verdachts läßt sich erkennen, daß er in dieser Form nicht zu halten ist. Der Fehler setzt dort ein, wo man das Verhältnis von Form und Medium als notwendiges Bedingungsverhältnis beider Seiten der Differenz nicht respektiert und damit von der kybernetischen Erklärung qua Einschränkung wieder auf kausale Erklärungen im Muster von Ursache und Wirkung zurückfällt und diese nach dem Muster der

Medientheorie allenfalls noch dadurch flankiert, daß man die Ursachen unbeobachtbar werden läßt und den Wirkungen selbstverstärkende Rückkopplung konzediert.

Wir müssen den Verdacht daher wieder zurücknehmen auf eine Form der Beobachtung des Verhältnisses aktueller zu maximaler Utropie. Ein Medium schränkt ein, welche Kopplungen von Elementen möglich sind, aber es fällt mit der Kopplung nicht in eins. Es bleibt lose Kopplung.

Die Interzeption

Ein anderes Motiv des von Kittler überspitzten und damit in seinen Konsequenzen sichtbar gemachten Verdachts ist damit jedoch noch nicht hinreichend gewürdigt. Die relative Utropie eines Systemzustands ist nicht nur eine strukturelle Beziehung zwischen aktueller Utropie H und maximaler Utropie H_{max}, sondern auch eine metrische Beziehung zwischen diesen beiden Größen. Es geht nicht nur um die Ausleuchtung eines je aktuell nicht wahrgenommenen Bereiches möglicher Verknüpfungen zwischen den Elementen des Systems. Sondern es geht auch um ein Errechnen der möglichen Zustände des Systems durch eine laufende Überprüfung der bereits ausgetesteten möglichen Zustände. Donald MacKay [171] spricht von einem a priori strukturellen und einem a posteriori quantitativen Aspekt des Informationsgehalts beziehungsweise der Ungewißheit oder Utropie. Die Komplementarität dieser beiden Aspekte macht die Utropie zu einer quantenähnlichen Einheit.

Die soziologische Medientheorie neigt dazu, den strukturellen Aspekt der Utropie zu betonen und jede aktuelle Medienverwendung im Kontext auch anderer möglicher Medienverwendungen zu beschreiben. Die Einschränkung durch das Medium wird mit Blick auf Kontingenz gedeutet. Die literarische Medienwissenschaft hingegen neigt dazu, den metrischen Aspekt der Utropie zu betonen und jede aktuelle Medienverwendung als rechnerische Bestätigung bisheriger Medienverwendungen zu beschreiben. Das gibt der Einschränkung durch das Medium ihren determinierenden und kausalitätsverdächtigen Sinn. Kittler [107] greift in diesem Zusammenhang in die Science Fiction aus und spricht von der Notwendigkeit der Interzeption feindlicher Intelligenzen, die möglich wird, wenn man an das Rauschen der Informationsquelle die von Shannon entwickelten kryptoanalytischen Techniken anlegt.

Auch gegen den Bedarf an Interzeption ist ein Einwand möglich, der darauf abstellt, daß das Rauschen nicht auf feindliche, tendenziell extraterrestrische, sondern auf die eigene Intelligenz, genauer: auf die in der Kommunikation zugunsten der Fortsetzbarkeit der Kommunikation selbst produzierte Unverständlichkeit der Kommunikation zuzurechnen ist [203]. Der Streit um die literarische Medienwissenschaft und die soziologische Medientheorie erschließt sich auch in diesem Sinne als ein Streit um Attributionen. Von Fritz Heider [89] weiß man jedoch, daß die Wählbarkeit der Attributionen selbst ein wesentliches Element der ihre eigene Fortsetzbarkeit sichernden und in diesem Sinne eben nicht nur metrischen, sondern strukturellen Kommunikation ist. Das gibt der Zurechnung des Rauschens auf die eigene Intelligenz ein zusätzliches Motiv, wenn man dabei berücksichtigt, daß diese eigene Intelligenz intelligent genug ist, fremde Intelligenzen (darunter die eigene, sich selbst nicht bekannte) nicht für ausgeschlossen zu halten.

Tatsächlich macht eine Gegenüberstellung der beiden Aspekte wenig Sinn, da es sich um komplementäre Aspekte handelt. Statt dessen käme es darauf an, den strukturellen und den metrischen, den qualitativen und den quantitativen Aspekt der Information nach dem Muster ähnlich gelagerter Unterscheidungen, etwa zwischen konstatierenden und performativen Äußerungen [10], zwischen report und command [208] oder zwischen Information und Mitteilung [138: Kap. 4] zu verstehen. Die Unterscheidungen zwischen konstatierenden und performativen Äußerungen, zwischen report und command oder zwischen Information und Mitteilung interpretieren die Differenz metrischer und struktureller Aspekte der Utropie. Sie rechnen mit den bisherigen Errechnungen, verorten jede Kommunikation im Kontext bisheriger Kommunikationen und bestätigen damit die Autopoiesis der Kommunikation. Zugleich fragen sie jedoch auch nach, überprüfen das Verhältnis von aktueller zu maximaler Utropie und problematisieren damit sowohl die ausgewählte Form der Kommunikation im Kontext ihres Mediums als auch die ausgewählte Form des Systems im Kontext ihrer Umwelt.

Es ist wichtig zu sehen, daß beide Aspekte des Mitrechnens und des Nachfragens Aspekte des Rechnens im Sinne Heinz von Foersters sind [243: 25 ff.]. Kognition als Errechnung von Errechnungen kombiniert den strukturellen und den metrischen Aspekt der Information. Eben deswegen ist Kommunikationstheorie Kognitionstheorie und die Medientheorie ein Aspekt der Kommunikationstheorie.

Man kann, mit anderen Worten, Kommunikation im Modus der Beobachtung erster Ordnung von Kommunikation im Modus der Beobachtung zweiter Ordnung unterscheiden. Die Kommunikation im Modus der Beobachtung erster Ordnung reproduziert rekursiv das System, die Kommunikation im Modus der Beobachtung zweiter Ordnung führt die Differenzen zwischen Form und Medium und zwischen System und Umwelt in das System wieder ein und verwendet diese Differenzen zur Programmierung des Systems – wenn Programmierung heißen darf: Regulierung des Systems im Hinblick auf die Kontingenz seiner Möglichkeiten. Aber auch diese Unterscheidung ist eine komplementäre, das heißt, es gibt keine Kommunikation im Modus der Beobachtung erster Ordnung ohne mitlaufende Kommunikation im Modus der Beobachtung zweiter Ordnung, und umgekehrt. Das erst macht die Kommunikation zu dem, was sie ist. Und dies erst macht es, wie hier geschehen, auch erforderlich, auf eine unübersichtliche und bereits vielfach interpretierte Begrifflichkeit zurückzugreifen, die in jedem ihrer Züge am Experiment der Interpretation jener relativen Utropie teilhat, die sie sich als Entdeckung zuschreiben darf.

Wie steht es mit dem Willen Allahs?

Ein wohlhabender Beduine hatte die Erbfolge unter seinen drei Söhnen testamentarisch geregelt. Es ging um die Aufteilung seiner Kamele. Der älteste, Achmed, sollte die Hälfte des Bestandes erhalten. Für den zweiten Sohn, Ali, war ein Viertel vorgesehen. Dem jüngsten, Benjamin, war nur ein Sechstel zugedacht. Uns mag diese Disposition, weil ungleich verteilend, als willkürlich und ungerecht erscheinen. Sie entsprach aber genau dem Wertverhältnis der Söhne, gesehen unter dem Gesichtspunkt der Fortführung des Geschlechts, und sie entsprach genau der Freude des Vaters bei ihrer Geburt: Der zweite Sohn hatte nur Bedeutung für den Fall, daß der erste ohne männliche Nachkommen sterben sollte, usw. Daher die Regel der Verringerung des Anteils.

Nun hatten die äußeren Umstände vor dem Tod des Vaters die Zahl der Kamele beträchtlich reduziert. Als der Vater starb, waren noch elf Kamele vorhanden. Wie sollte geteilt werden? Ali beanspruchte unter Berufung auf das ohnehin anerkannte Vorrecht des Ältesten sogleich sechs. Aber das ist mehr als die Hälfte. Die anderen widersprachen. Es kam zum Streit, der vor den Richter getragen wurde. Der Richter machte folgendes Angebot. Er sagte: ich stelle euch eines meiner Kamele zur Verfügung. Gebt es mir, so Allah will, so bald wie möglich zurück. Mit zwölf Kamelen war die Teilung leicht. Achmed erhielt die Hälfte, d.h. sechs. Ali bekam sein Viertel, nämlich drei. Benjamin wurde nicht benachteiligt, er erhielt sein Sechstel, nämlich zwei. So waren elf Kamele verteilt, und das zwölfte konnte zurückgegeben werden.

Die Frage, der ich nachgehen möchte, ist eine doppelte, nämlich (1): War das zwölfte Kamel nötig, und wozu war es nötig? Und, damit streng zusammenhängend, (2): Wurde es zurückgegeben? Wie steht es mit dem Willen Allahs? Wenn es zur Teilung nötig war, war es dann nach der Teilung nicht mehr nötig? Wie wäre es, wenn die Teilung nachträglich angefochten wird? Müßte man es für diesen Fall zurückfordern können, als Prozeßkamel, als jeweils diensttuendes Kamel? Und kann man über die Rückgabe entscheiden, ohne den Grund zu kennen, aus dem das Kamel nötig war? Müssen Richter Leihkamele haben? Ist das etwa ihre, wie wir neumodisch sagen würden: Legitimation? Mußte das Kamel überhaupt real geliefert werden, oder hätte die Fiktion genügt? (Niklas Luhmann [166: 3])

Die Mogelei

Zwei Fragen stellt der in der Zeitschrift für Rechtssoziologie erstmals gedruckte Aufsatz von Niklas Luhmann zur »Rückgabe des zwölften Kamels«. Die erste Frage – War das Kamel nötig oder nicht? – wird relativ zügig beantwortet (nämlich mit der Behauptung, »es war nötig und nicht nötig zugleich«) und dann zu einer reichhaltigen Detailanalyse der paradoxen Konstitution des Sozialsystems des Rechts ausgearbeitet. Die zweite Frage jedoch – Wird das Kamel zurückgegeben? – wird, wenn ich das richtig sehe, bis zum Ende des Textes nicht beantwortet. Und sie kann auch nicht beantwortet werden, denn man kann sich kaum vorstellen, daß die verschiedenen Rollen, die das Kamel in der Analyse des Rechtssystems durch Luhmann einnehmen muß, »zurückgegeben« werden können. An wen auch? Allenfalls die ›Gewalt‹, die ›Politik‹ und die ›Organisation der Rivalität‹ sind in der Konstitution des Rechts, wenn man juristisch argumentiert, vielleicht verzichtbar, was immer die Gesellschaftstheorie und die Philosophie dazu sagen mögen [19; 65; 40]. Aber die Selbstreferenz, selbst in ihrer ›lokalisierten‹ Gestalt, das Kamelogramm, das Eigen-Verhalten, die Codierung, die Redundanz und der Beobachter können wohl kaum »zurückgegeben« werden, ohne die Operationen des Rechtssystems in Frage zu stellen.

Gleichwohl gibt die Rückgabe dem Aufsatz seinen Titel. Vielleicht kann man daher vermuten, daß *der Aufsatz selbst* die Rückgabe des zwölften Kamels *ist*. Luhmanns Rechtsanalyse wäre dann die Antwort auf den Einfall des Richters, ein eigenes Kamel zur Verfügung zu stellen, damit dem testamentarischen Willen des Vaters angesichts eines arithmetisch nicht zu bewältigenden Bestands von elf Kamelen beim Ableben des Vaters Genüge getan werden kann.

Luhmanns Text wäre eine Theoriegabe [38], die die ›*un*mögliche‹, also alles andere *er*möglichende Gabe des Kamels auf eine ebenso unmögliche Art und Weise *erwidert*. Luhmann kommuniziert in diesem Text mit dem Richter, und er tut dies, weil er ein Ingenium bewundert, das im passenden Moment eben nicht auf den Vollzug der Rechtsschematik dringt, sondern jenseits aller juristischen Argumentation erst einmal *nachhilft*, damit diese Schematik überhaupt vollzogen werden kann. Der Richter tut dies nicht *gegen* das Recht, sondern *für* das Recht, denn der Stein des Anstoßes ist ja nicht eine juristische, sondern eine arithmetische Komplikation. Nichtsdestotrotz erlaubt er sich eine *Mogelei*, denn er vollstreckt das Testament des Vaters an einem Bestand, der nicht der Bestand des Vaters ist. Die Mogelei wird dadurch nicht abgemildert, sondern eher noch betont, daß er offensichtlich schnell genug rechnen kann, um abzusehen, daß er sich selbst durch dieses Nachhelfen nicht schaden wird.

Aber diese Mogelei, die Luhmann fraglos beeindruckt, löst nichtsdestoweniger seine Rückfrage aus: »Wie steht es mit dem Willen Allahs?« Es ist diese Frage, um die sich der Text dreht, oder, vorsichtiger gesagt, es ist diese Frage, die Luhmann dem Richter vorlegt und die er damit, mit Blick auf seine eigene Theoriegabe, auch sich selber vorlegt. Darf man, muß man vielleicht sogar mogeln, um Systemlogiken, die ins Stocken geraten sind, auf die Beine zu helfen? Vielleicht darf und muß man dies dann, wenn damit der *gesellschaftlichen* Funktion des Rechts, den Streit zu schlichten, gedient werden kann. Entspricht diese Mogelei, die den Systemcode *bedient*, indem sie sich für einen Moment und an einer präzise lokalisierten Stelle *über ihn hinwegsetzt*, dem Willen Allahs? Zielt der Wille Allahs also auf die Gesellschaft, und nur in zweiter Linie auf das Recht?

Und, nächste Frage, was befähigt den Richter zu dieser Mogelei? Auf welche Intelligenz kann er sich berufen, um sich etwas einfallen zu lassen, was in einer Lage weiterhilft, die *bereits entschieden und dennoch unlösbar ist*? Wie löst man ein Dilemma, das in den Begriffen des angesprochenen Systems keines ist? Besteht die Faszination des Problems nicht gerade darin, daß der Richter nicht nur sein Kamel, sondern zuvor seine Intelligenz einer möglichen Problemlösung herausgefordert sieht *und nicht wissen kann, ob dies dem Willen Allahs entspricht*. Der Richter greift auf eine *gesellschaftliche* Intelligenz zurück. Er nimmt die Grenze zwischen Rechtssystem und Gesellschaft in den Blick und entscheidet, daß er in dieser Situation die rechtliche Frage nur lösen kann, wenn er eine gesellschaftliche Ressource einführt, ein Kamel, das nicht zum Bestand der Herde des Vaters gehört. Aber der springende Punkt ist hier, daß nicht nur das Kamel, sondern bereits der Richter selbst als Beobachter der Lage eine *gesellschaftliche*, und nicht nur eine *rechtliche* Ressource zur Lösung des Problems ist.

Allah will die Mogelei, wenn sie der Gesellschaft und ihrem Modus der Ausdifferenzierung einzelner Funktionssysteme dient. Und er will die Mogelei, wenn sie einen Beobachter zum Zuge kommen läßt, der in der Lage ist, Systemgrenzen zugleich zu sehen, zu respektieren und zu ›überschreiten‹. Ist also nicht das Kamel, nicht der Richter, nicht die Gesellschaft und nicht der Beobachter das eigentliche Thema dieses Aufsatzes, sondern die Mogelei, wenn und weil sie dem Willen Allahs entspricht? Muß man dann die Anschlußfrage stellen, ob auch Luhmann in diesem Text mogelt? Worin bestünde die Mogelei? Besteht das Problem darin, daß in genau dem Moment der Beobachter eingeführt wird, in dem das System *ins Stocken* geraten ist? Sitzt der

Beobachter etwa nicht entweder *im* System oder *außerhalb* des Systems, sondern *auf der Grenze* des Systems? Das würde bedeuten, daß er inaktiv ist, solange die Grenze nicht in Frage steht, und nur aktiv wird, sobald dies der Fall ist. Ist der Beobachter selbst die Mogelei, weil es ohne ihn die Systeme nicht gäbe, die ins Stocken geraten und vom Beobachter wieder flott gemacht werden können? Entspricht das dem Willen Allahs? Aber wozu stellt Luhmann dann die Frage nach der ›Rückgabe‹ des Kamels? Würde man nicht mit der Rückgabe des Kamels, des Beobachters, die Mogelei aufdecken und damit die Differenzierung der Gesellschaft (nach innen und außen) in Frage stellen?

Der Beobachter

Vielleicht können wir uns dieser Frage nähern, indem wir sie so *generalisieren*, daß sie auch für andere Sozialsysteme gestellt und somit auf verschiedenen Terrains untersucht werden kann. Die Frage lautet, auf ihren kürzesten Nenner gebracht, *ob der Beobachter eine Mogelei ist*, die die Theorie einführt, um darauf aufmerksam zu machen, daß gesellschaftlich nichts unwahrscheinlicher ist als eine Selbstbeobachtung der externen und internen Grenzen der Gesellschaft. Andernfalls wäre die Geschichte vom zwölften Kamel nicht weiter berichtenswert und wären alle Geschichten dieses Typs, sie sind Legion, nicht weiter berichtenswert. Die Mogelei, der Beobachter, ist eine Ausnahme, die aber hinreichend häufig vorkommt, um die Gesellschaft am Laufen zu halten.

Für diese Interpretation spricht nicht zuletzt, daß der Beobachter die letzte der Möglichkeiten ist, die Luhmann einführt, um das zwölfte Kamel zu bezeichnen. Und wohlgemerkt, er spricht durchgängig vom Kamel, nicht vom Richter. Der Beobachter wird im letzten Satz des Artikels eingeführt unter der Bezeichnung des »Punktes höchster Unsicherheit und letzter Unentscheidbarkeit, von dem aus man alles andere am besten beobachten kann« [166: 60]. Das hört sich so an, als spräche er nicht vom Kamel, sondern von seinem Zettelkasten. Müssen wir uns das Verhältnis zwischen Luhmann und seinem Zettelkasten so ähnlich vorstellen wie das Verhältnis zwischen dem Richter und dem zwölften Kamel? Zielt der Wille Allahs darauf, den Zettelkasten wieder in die Gesellschaft hineinzuarbeiten, wie das Kamel wieder in seine Herde entlassen wird?

Wir bleiben bei der Vermutung, daß der Beobachter eine Mogelei ist und daher auch, wie in Heinz von Foersters Version derselben Erbschaftsgeschichte (die er mit achtzehn anstelle von zwölf Kamelen erzählt), eine Krücke, »die man wegwirft, wenn man sich über alles andere klar ist« [216: 9] – was naturgemäß niemals der Fall sein wird. Heinz von Foerster interpretiert das Kamel als »die Wirklichkeit« und in diesem Sinne möchte ich vorschlagen, auch ›den Beobachter‹ zu interpretieren. Die Beobachterfigur ist eine Heuristik, die man braucht, um Grenzziehungen beobachten zu können, von denen die beteiligten Systeme nichts wissen, obwohl sie sie laufend realisieren, so lange sie sie realisieren. Die Beobachterfigur ist eine Heuristik, die auf die Blindheit der beteiligten Systeme aufmerksam macht und darauf, daß diese Blindheit aus den Ressourcen der Grenzziehung selbst korrigiert werden kann, fallweise und ausnahmsweise und nur in einem Spezialfall, der Ausdifferenzierung der Wissenschaft, zu einem systematisierbaren Wissen um die Beobachtung führend [168].

Aber wie kommt die Wissenschaft dazu, von ihrem Wissen auf die operativen Grundlagen anderer Sozialsysteme zu schließen? Ja, wie kommt sie dazu, überhaupt von anderen Sozialsystemen zu sprechen? »Die folgenden Überlegungen gehen davon aus, daß es Systeme gibt«, lautet Luhmanns bekannte Formel [138: 30]. Haben diese Überlegungen den Status eines zwölften Kamels? Beruht die Wissenschaft, sofern sie die Beobachterfigur einführt, auf einer Mogelei, die man bestenfalls rechtfertigen kann, wenn man sie in den Kontext der Aufklärung, vielleicht gar einer ›soziologischen Aufklärung‹, stellt?

Ich möchte dieser Frage hier nicht wissenschaftstheoretisch, sondern orientiert am empirischen Gegenstand der Wissenschaft, und insbesondere der Soziologie, nachgehen. Zu diesem Zweck behaupte ich, daß die Wissenschaft, und insbesondere die Soziologie, eine *Praxis des Nichtwissens* ist, die all das, was sie tatsächlich weiß, aus der Selbstbeobachtung dieser Praxis gewinnt. Die Wissenschaft ist blind, aber sie hat gelernt, dies nicht als Einwand gegen sich selbst, sondern als Anlaß für Korrekturen zu nehmen, aus denen sie jenes Wissen gewinnen kann, das sie in einem beachtlichen Umfang besitzt. Die Wissenschaft beobachtet nicht die Welt, sondern sie errechnet mögliche Aussagen aus den Erfahrungen mit bisherigen Aussagen. Was sie tatsächlich *weiß*, verdankt sie der Kunstfertigkeit, Mogeleien eingeschlossen, im Umgang mit den eigenen Erfahrungen Variationen zu produzieren und darauf wiederum zu reagieren.

Ich möchte diese Behauptung hier nur aufstellen, ohne sie im einzelnen zu begründen. Man kann sie im Zusammenhang einer konstruktivistischen Wissenschaftsauffassung sehen, die nicht nur die Gegenstände der Wissenschaft, sondern auch die Wissenschaft selbst als *soziale Konstruktion* begreift [55; 81; 108; 257]. Wenn dies so ist, kann man die Wissenschaft in diesem Sinne einer sozialen Konstruktion *als Metapher* – angemessener wäre freilich: als Metonymie – für die Beobachtung anderer gesellschaftlicher Praktiken verwenden. Das zwölfte Kamel dieses Textes ist die Wissenschaft. Wenn ich von ›Beobachtung‹ spreche, so meine ich wiederum nichts anderes als den Vergleich selbstgetroffener Unterscheidungen mit den Aussagen, die sie zu treffen erlauben. Mein Vorgehen ist selbst eine Praxis des Nichtwissens, wenn darunter zu verstehen ist, auf der Systeminnenseite Erfahrungen abzutragen, die *auf die Differenz* zu einer unbekannten Außenseite des Systems zugerechnet werden, wohlgemerkt: nicht auf die Außenseite selbst, sondern auf die Differenz zwischen Innenseite und Außenseite.

Die Fragen, die ich stellen möchte, lauten dann, ob es gesellschaftliche Praktiken gibt, die als Praktiken des Nichtwissens beschrieben werden können, und ob diese Praktiken vom Typ her als Mogeleien im oben beschriebenen Sinne verstanden werden können. Diese Fragen interessieren mich, weil ich zum einen vermute, daß diese Praktiken ›heilsam‹ im Sinne von Gregory und Mary Catherine Bateson [17] beziehungsweise ›magisch‹ im Sinne von Heinz von Foerster [248: 14', 10" ff.] sind, das heißt sie thematisieren *Trennungen als Verbindungen*, und weil ich zum anderen vermute, daß die eben gebrauchte Formulierung (»es gibt gesellschaftliche Praktiken«) in einem strengen Sinne nur so verstanden werden kann, daß unsere wissenschaftlichen Texte uns die Möglichkeit solcher Praktiken geben, in welchem Umfang auch immer diese Möglichkeit dann aufgegriffen wird.

Ich erspare mir hier auch die Diskussion bekannter beobachtertheoretischer Fragen, zumal diese Diskussion letztlich nicht umhin könnte, Luhmanns bereits gemachten »Punkt höchster Unsicherheit und letzter Unentscheidbarkeit« zu bestätigen und in eine allgemeinere Theorie des Nichtwissens einzubetten [244: 126 ff.; 225]. Ich erinnere nur daran, daß die Beobachtung in der Systemtheorie als das Treffen einer Unterscheidung definiert wird, und daß daran in der Regel zwei Aussagen angeschlossen werden. Zum einen muß jede Beobachtung ihre eigene Paradoxie der Ununterscheidbarkeit des Unterschiedenen lösen und löst sie auch. Zum anderen ist dies nur möglich, wenn und weil die Unterscheidung zwar eine Bezeichnung trifft (die Innenseite der Unterscheidung), dabei aber weder sieht, was sie ausschließt, noch daß sie etwas ausschließen muß, um die Bezeichnung treffen zu können. Daher sagt man, daß die Beobachtung nicht in der Lage ist, *sich selbst* zu beobachten, und daß sie nur deswegen *etwas* beobachten kann. Der Hintergrund für diese Aussagen ist eine Kombination des Konzepts der Autopoiesis (Systeme können *sich selbst* reproduzieren) mit dem mathematischen Formkalkül und seiner Figur des re-entry, die es erlaubt, sich vorzustellen, wie ein System operativ in Gang kommt, ohne vor Erreichen einer bestimmten Komplexitätsschwelle in der Lage sein zu müssen, die ›Form‹ der eigenen Unterscheidung

(Innenseite, Außenseite *und* Trennung zwischen den beiden Seiten) unterscheiden, also beobachten zu können.

Ich werde zunächst einige Beispiele suchen und beschreiben und erst im Anschluß einige theoretische Anmerkungen zu Praktiken des Nichtwissens machen, die auf eine mögliche Soziologie dieser Praktiken deuten. Die Liste der Beispiele ist unsystematisch und unvollständig. Sie greift zunächst Themen auf, mit denen ich aus ihrer wissenschaftlichen Bearbeitung vertraut bin, und geht dann zu anderen Themen über, mit denen ich weniger vertraut bin. Das heißt, ich suche Themen auf, in denen Nichtwissen durchaus bedeuten kann, mit der entsprechenden Praxis *vertraut* zu sein, das ist der Grund, von *Praktiken des Nichtwissens* zu reden, und gehe dann zu Themen über, die mir sachlich unvertrauter sind, zu denen ich jedoch mit Hilfe eines *Begriffs der sozialen Praxis* einen Zugang suchen kann.

Management in Netzwerken

Was hätte man davon, wenn man, beispielsweise, *Management* als Praxis des Nichtwissens beobachtet? Management ist ja vom Anspruch her das ganze Gegenteil, (a) weil es für alle Fragen der Koordination arbeitsteiliger Aufgaben eine der wichtigsten Funktionen der Ungewißheitsabsorption in Organisationen erfüllt, (b) weil es diese Funktion nur erfüllen kann, indem es jederzeit auf Vorgaben der Hierarchie, des Marktes oder der Technologie verweisen kann, die seine Entscheidungen begründen, und (c) weil es nicht zuletzt gelernt hat, innerhalb der Organisation in Autorität und Kompetenz begründete Repräsentationsaufgaben zu erfüllen, die schon die Beobachtung des Managements unter Gesichtspunkten des Nichtwissens in das karnevalistische Gegenreich jeder Hierarchie verweisen.

Aber kaum hat man diese drei Aspekte formuliert, kommen Zweifel, die nicht nur mit den gängigen Beobachtungen des Managements unter Gesichtspunkten der ›Kontrollillusion‹, sondern auch mit einer reichhaltigen organisationstheoretischen Literatur begründet werden können, die den Umzug des Managements aus den Palästen der Aufgabenspezialisierung und Reintegration, der klaren Zielsetzungen, der unzweideutigen Autorität, der expliziten Kommunikationskanäle, der expliziten Entscheidungskriterien, der effizienten Codes und der scharf begrenzten Verantwortungsbereiche in die Zelte der Flexibilität, der Kreativität, der Unmittelbarkeit und der Eigeninitiative beschreiben [83].

Tatsächlich ist das Management in allen drei Hinsichten eine Praxis des Nichtwissens, und es ist gleichsam nur eine Frage der Zeit, bis sich nicht nur die Organisationstheorie, sondern auch die Managementlehren darauf umstellen – wie immer eine Management*lehre* aussehen mag, die auf eine Praxis des *Nichtwissens* zielt. Erstens tendiert das Management moderner *Netzwerkorganisationen* (Netzwerke sowohl nach innen als auch nach außen) nicht nur dazu, auf Vorgaben der Arbeitsteilung, sondern dementsprechend auch dazu, auf Vorgaben der Koordination der arbeitsteiligen Prozesse zu verzichten. An die Stelle von *Planung* tritt eine *Kommunikation*, die die jeweilige Organisation laufend darüber informiert, *daß* man nur spezialisierten Aufgaben nachgehen kann und *zu diesem Zweck* auf Kooperation angewiesen ist, nicht aber, *welche Aufgaben* das im Einzelfall sind und *mit wem* kooperiert werden soll. Man überläßt es der Organisation, Mittel und Wege zu finden, *sich* an diese Vorgaben anzupassen, und nennt *Management* die Kommunikation der *Einschränkungen*, auf die die Organisation bei der Selbstanpassung zu achten hat, die Kommunikation der *Fixierungen*, wenn eine Organisation oder eine ihrer Abteilungen einen befriedigenden Zustand erreicht hat, und der *Störungen*, wenn dies nicht der Fall ist.

Hier arbeiten *Selbst*organisation und *Fremd*organisation Hand in Hand, wobei die Fremdorganisation ein Teil der Selbstorganisation der Gesamtorganisation ist. Management ist schon deswegen eine Praxis des Nichtwissens, weil es zum einen *nicht wissen kann*, auf welche Selbstorganisationskapazitäten der Organisation es sich verlassen kann, obwohl hier in jüngerer Zeit relativ rasch relativ viel gelernt worden ist, und weil es zum anderen *systematisch unkalkulierbar* ist, wie eine Organisation auf ihre eigenen Vorgaben der Fremdorganisation reagiert, wenn man in Rechnung stellt, daß jede Fremdorganisation nicht nur ›wirkt‹, sondern auch ›beobachtet‹ wird, also unterlaufen werden kann.

Zu diesen systematischen Gründen für die Beschreibung des Managements als Praxis des Nichtwissens kommt jedoch zweitens hinzu, daß auch die Vorgaben, auf die das Management selber verweist, also Hierarchie, Markt und Technologie, schon lange nicht mehr die Eindeutigkeit besitzen, die man benötigt, um hier von einer Weitergabe (Kommunikation) überprüfbaren Wissens reden zu können. Die Hierarchie verliert durch den Verlust einer Reihe traditioneller Mittelstufen viel von ihrer traditionellen berechenbaren Unberechenbarkeit und konfrontiert statt dessen mit einer losen Kopplung zwischen einer obersten Holdingebene und den operativen Einheiten einer Organisation, die zwar ihre eigenen Sprachspiele und damit Berechenbarkeiten generiert, nichtsdestotrotz aber vor allem deswegen eine Quelle des Nichtwissens ist, weil man *nicht weiß*, mit welchen möglichen Fusionspartnern und mit welchen Analysten der Vorstand über neue Strategien spricht, wohl aber *weiß*, daß er dies tut oder zumindest laufend tun könnte [46]. Und daß Märkte und Technologien seit der Umstellung von Produzenten- auf Käufermärkte, seit der neuen Rolle der Kapitalmärkte als Motivatoren strategischer Reorganisationen und seit der Einführung von Informations- und Kommunikationstechnologien keine Sicherheits-, sondern Unsicherheitsanker sind, bedarf wohl kaum der Erwähnung. Zu beobachten ist vielmehr, daß diese neuen Unsicherheiten zwar traditionelle Unternehmensorganisationen (von Behörden, Vereinen, Krankenhäusern und anderen Organisationen zu schweigen) unter einen erheblichen Druck setzen, eben weil damit traditionelle Verfahren der Ungewißheitsabsorption in Frage stehen, gleichzeitig jedoch zu einer ganzen Reihe einfallsreicher neuer organisatorischer Praktiken führen, von denen die ›virtuelle‹ Organisation nur die bekannteste ist [29].

Drittens schließlich kann man feststellen, daß das Management größerer und kleinerer Unternehmen zunehmend auf die heroischen Gesten der Repräsentation seiner eigenen Autorität und Kompetenz verzichtet und statt dessen zum Team- und Lernpartner der Mitarbeiter der Organisation wird. Es nimmt den Mitarbeitern nicht mehr die Mühe des Wissens, sondern es nimmt ihnen den Zweifel an der Notwendigkeit des Lernens ab. Damit steht das Management vor einer neuen Aufgabe, kommt es doch jetzt nicht mehr und nicht weniger darauf an, von den ehemals zu sichernden *Sachroutinen* der Organisation umzustellen auf *Lernroutinen*, das heißt auf die *Änderbarkeit* aller Routinen, die nicht laufend unter Beweis stellen können, daß sie sich am Markt bewähren. Auch hier hat es das Management mit Nichtwissen zu tun, denn weder weiß man, wie *unroutiniert* Organisationen überhaupt veranstaltet werden können, noch weiß man, wie eine *lernende Organisation* mit ihrem dauernden internen Anpassungsbedarf an Kapital, Personal und Ressourcen zurandekommt.

Kurz, das Management, ehemals das Symbol der Korrektheit einer Organisation nach innen und außen schlechthin, sieht sich zu einer Dauermogelei gezwungen, vor ein ›Oszillodox‹ [127] gestellt, in dem laufend Innenaspekte der Organisation zur Beobachtung von Umweltaspekten *und* Umweltaspekte zur Beobachtung von Innenaspekten herangezogen werden müssen. Das sind Mogeleien im strengen richterlichen Sinne des Wortes, weil es nicht etwa nur darum geht, dem selbstreferentiellen Entscheidungszusammenhang der Organisation fremdreferentielles Futter (Umweltanlässe) zu geben, sondern weil es darüber hinaus auch darauf ankommt, dem Entscheidungszusammenhang der Organisation mit Konstruktionen von Kapitalkalkülen, Machtspielen und Kundenlaunen auf die Sprünge zu helfen, die Tricks sind und wieder ›zurückgegeben‹ werden können, sobald sie ihren Zweck erfüllt haben.

Innerhalb und außerhalb der Organisation entsteht der Eindruck, als werde sie ›grenzenlos‹ [197], doch dies ist nur eine andere Formulierung für die Bezeichnung des Nichtwissens, mit dem es die Organisation zu tun bekommt. Tatsächlich ist das Management einer Organisation wie eh und je als Ritt auf der Grenze der Organisation zu beschreiben, die nicht etwa aufgelöst, sondern abstrahiert und präzisiert wird bis hin zur Zurücknahme auf Verbuchungsregeln anfallender Gewinne und Verluste.

Erziehung mit Nutzen

Ein zweites Beispiel ist die *Erziehung*. Hier will ich mich mehr oder minder auf die universitäre Erziehung beschränken, was es mir zunächst einmal etwas leichter macht, da die schulische Aufgabe der Wissensvermittlung in den Hochschulen bereits zugunsten der Vermittlung von Fragen gebrochen ist. Allerdings geht es hier seit Humboldt um die Vermittlung von *Forschungsfragen*, was die Verfolgung von Nichtwissen eng an den bereits vorhandenen Besitz von Wissen zurückkoppelt. Durch nichts kann man sich in der Universität schneller disqualifizieren als durch eine ›schlecht‹, nämlich uninformiert gestellte Frage, so daß ein Großteil der universitären Ausbildung darin besteht, eine hinreichende *Angst* für die Befähigung zur Selbstbeobachtung als Nichtwissender zu erzeugen, um dann schrittweise den *Umgang mit dieser Angst* als Heuristik des Wissenserwerbs fruchtbar zu machen.

Den Zugang zu einer Beschreibung der Erziehung als Praxis des Nichtwissens eröffnet jedoch die Beobachtung, daß in der Erziehung so getan werden muß, als wüßte man, was unter *Lehren* und *Lernen* zu verstehen ist. Immerhin haben wir eigene wissenschaftliche Disziplinen, die *Didaktik* für das Lehren und die *Pädagogik* für das Lernen, die dieses Wissen der Erziehung betreuen. Schon die Trennung dieser Disziplinen sollte allerdings zu denken geben. Hier steckt vermutlich die erste Mogelei, denn hier wird ein Beobachter eingeschmuggelt, der behauptet, Lernen und Lehren seien nicht dasselbe, obwohl *Erziehung* doch darauf bestehen muß, das Lehren am Lernen zu orientieren, und nicht etwa an der Selbstbedienung des Autoritätsdrangs des Lehrers, und das Lernen am Lehren zu orientieren, und nicht etwa an der Lust und den Launen des Schülers. Wenn aber schon die entsprechenden wissenschaftlichen Disziplinen die beiden Seiten der Medaille auseinanderziehen, dann muß man vermuten, daß der Name der Erziehung für die Ermöglichung eines Prozesses steht, der gleichsam auf beiden Seiten der Medaille nur Ansatzpunkte für die Orientierung des Lernens am Lehren, und umgekehrt, schafft, aber keine Garantie für diese Orientierung. Niklas Luhmann und Karl Eberhard Schorr haben dieses Problem unter dem Namen des ›Technologiedefizits‹ der Erziehung analysiert [167].

Erziehung ist ein Prozeß, der durch die Einführung des Klassenverbandes, des Lehrbuchs und der Benotung systematisch ausschließt, daß der Zufall der Erziehung allzu unwahrscheinlich wird [205]. Die Didaktik sorgt dafür, daß die Lehrer beobachten, was Lehrer tun, wenn sie kommunizieren wollen, daß sie Erziehung für möglich halten. Und die Pädagogik sorgt dafür, daß die Lehrer beobachten, was Lehrer tun, wenn sie sich für diese Möglichkeit der Erziehung auf die Fähigkeiten und Interessen der Schüler beziehungsweise auf die Zurichtung dieser Fähigkeiten und Interessen berufen. Die Pädagogik beobachtet Lernkompetenzen aus der Sicht der Lehrer, und korrigiert dies allenfalls dadurch, daß sie die Perspektive selbst in Rechnung stellt und konzediert, daß sich der Prozeß der Erziehung aus der Sicht der Schüler unter Umständen anders darstellt. Schon der Begriff der ›Kompetenz‹ sollte darauf aufmerksam machen, daß man nicht weiß, worüber man spricht, und daher nur die Kompetenteren von den weniger Kompetenten anhand wechselnder Kriterien zu unterscheiden versuchen kann.

Das tiefer liegende Problem besteht jedoch darin, daß die Erziehung ihr Nichtwissen, was sie bei den Benoteten mit

Benotungen anrichtet, durch ein Nichtwissen über Lehre und Lernen kompensiert, das sich hinter den klangvollen Namen der Pädagogik und Didaktik verbirgt. Zu diesem Nichtwissen über die Wirkung von Benotung, zu dem sich die Pädagogen aus einem für die Profession typischen Unwillen, zu ihrer Selektionsfunktion zu stehen, sogar selbst geradezu auffordern, um es weiterhin gut mit allen Beteiligten meinen zu können, sieht sich die Erziehung jedoch systematisch gezwungen, weil sie nicht wissen kann und um ihrer Eigendynamik willen auch nicht wissen darf, wie mit den von der Erziehung gegebenen Noten außerhalb der Erziehung umgegangen wird.

Die Note, die die Erziehung vergibt, ist das zwölfte Kamel, wie es im Buche steht. Ohne die Noten machen alle Bemühungen des Erziehungssystems weder intern noch extern Sinn, *obwohl und weil* die Note intern (für Zwecke der Graduierung) nur wiederholt, was die Erziehung als ihre eigene Leistung für andere soziale Systeme, für die Arbeitsmärkte der Wirtschaft und die Einstellungskriterien der Organisationen, zur Verfügung stellt. Die Erziehung jedoch gibt das zwölfte Kamel *nicht zurück*, was auch der Grund dafür sein mag, daß die Richter (hier: die Erzieher) verstimmt und kaum noch in der Lage sind, mit der Mogelei intelligent umzugehen. Wenn das Kamel nicht zurückgegeben wird, so muß man aus dieser Problematik folgern, stellt der Beobachter seine Beobachtungen ein und operiert nur noch nach den jeweiligen Gesetzen des Systemcodes.

Die Erziehung ist ein soziales System, das sein eigenes und wachsendes Nichtwissen, für welche Zwecke es ausbildet, durch eine Entscheidung für die Erziehung *als Erziehung* sowohl verdecken als auch fruchtbar machen muß. Dazu dient, in letzter Instanz, die Formel der *Erziehung zur Freiheit*, deren Paradoxie schon Kant in seiner Schrift »Über Pädagogik« aufgedeckt hat [101]. ›Freiheit‹ heißt hier in einem Sinne, der erst von Luhmann [156] präzise, wenn auch nicht unvorbereitet [128], herausgearbeitet worden ist: kognitive Konstruktion von Alternativen in bereits determinierten Verhältnissen, um in Form der Alternative Entscheidungen zu ermöglichen, die zuvor gar keinen Raum gehabt hätten. Dieser Freiheitsbegriff ist vermutlich die elaborierteste Beschreibung der Mogeleien, die uns hier beschäftigen, obwohl nicht auszuschließen ist, daß die Mogelei dieser Mogelei darin besteht, daß die Verhältnisse so determiniert nicht sind, wie es die Konstruktion einer Freiheit voraussetzt. Aber diese Mogelei ist ihrerseits unentscheidbar, da ohne die Konstruktion einer Freiheit die Verhältnisse nicht beobachtbar sind. Vielleicht berühren wir hier auch ein Motiv der Entstehung von Soziologie, obwohl die Soziologie sich durch ihren Entwurf als *empirische Sozialforschung* alle Mühe gegeben hat, dieses Motiv nicht allzu sichtbar werden zu lassen.

Für die Erziehung jedenfalls gilt, daß sich erst in das Nichtwissen um Selektion, Lehre und Lernen je aktuelle Problemlösungen für den Umgang mit Wissen, mit Schülern und mit gesellschaftlichen Bedarfslagen einzeichnen können, die das Erziehungssystem, wenn auch in den sehr engen, vielleicht zu engen Grenzen seiner Entscheidung *für Erziehung*, reagibel und flexibel macht. Nur so befähigt es sich, seinen eigenen Kommunikationscode, nämlich besser/schlechter im Spiegel der eigenen Noten [150], nicht nur auf seine Schüler, sondern *auch auf sich selbst* anzuwenden und auf dieser Ebene die eigene Unterkomplexität sowohl im Verhältnis zur Komplexität der beteiligten Bewußtseinssysteme (der Schüler, aber auch der Lehrer) und der gesellschaftlichen Umwelt durch wechselnde Entwürfe neuer Pädagogiken und Didaktiken, vor allem aber durch neue Schulformen, zu kompensieren. Das Erziehungssystem ist endogen unruhig, und das verdankt es einem Nichtwissen, das es nie recht eingestehen will, und einer Mogelei (der Benotung), die längst zum Systembestand gehört.

Beratung mit Beratern

Die *Beratung* ist ein drittes Beispiel für eine Praxis des Nichtwissens, das nicht zufällig relativ nah bei den ersten Beispielen liegt. Die häufigsten Anlässe für Beratung liegen in Problemen des Organisationsmanagements und die sichersten Aussagen der Berater über ihr Geschäft lauten, daß es sich um Erziehungsmaßnahmen entweder zugunsten der vernünftigen Problemwahrnehmung und -lösung oder zugunsten der Fähigkeit zur vernünftigen Problemwahrnehmung und -lösung handelt. Im ersten Fall wissen die Berater, worin die Probleme und ihre Lösungen bestehen. Im zweiten Fall wissen die Berater, daß das beratene System nur selber in der Lage sein kann, sein Problem zu erkennen und eine Lösung zu finden, daß es dazu jedoch bestimmter Verfahren und Prozesse der Entlastung vom Problemdruck (einschließlich: seiner Zuspitzung) bedarf, damit das Problem überhaupt sichtbar werden kann. In diesem zweiten Fall wissen die Berater, die sich dann meist ›systemisch‹ nennen [53; 212; 258], nur, daß das beratene System dazu neigt, *sich selbst* für die Lösung eines Problems zu halten, *obwohl es in seiner gegenwärtigen Verfassung das Problem ist*, das nach einer Lösung sucht. Und sie wissen, daß eine der wenigen nachhaltigen Problemlösungen für das System darin besteht, nach dem passenden Problem zu suchen, für das man eine Lösung hat oder ›ist‹.

Die klassische Organisationsberatung operiert als eine Praxis eines aus einem Vergleich von Unternehmen, Branchen und Organisationen gezogenen Wissens und operiert damit fallweise als Substitut jener oben beschriebenen Managementpraxis des Nichtwissens, die *sich etwas einfallen lassen muß*, um den nächsten Schritt machen zu können. Gleichzeitig tendiert diese Beratung dazu, ihre Praxis des Wissens symbolisch an die Stelle der verlorengegangenen Managementpraxis des Wissens treten zu lassen, um für die Organisationen und in den Organisationen Umstellungen auf neue Formen der Ungewißheitsabsorption zu erübrigen. Das erspart Transaktions- und Integrationskosten und ist daher kurz- und mittelfristig wirtschaftlich effizient. Ob damit längerfristig Zeit für die Umstellung auf diese neuen Formen der Unsicherheitsabsorption gewonnen oder nicht gerade verloren wird, muß uns hier nicht beschäftigen.

Für uns ist die systemische Beratung ein aufschlußreicheres Beispiel, da wir es hier im Gegensatz zu Management und Erziehung mit einer selbstdeklarierten Praxis des Nichtwissens zu tun haben, selbst wenn bislang nicht mit dieser Formel gearbeitet wird. Die systemische Beratung, darin besteht ihr eigentliches Verfahren, irritiert durch ihre Intervention selbst [250]. Auf der Grundlage ihres *Wissens*, daß das intervenierte System ebenso wie das intervenierende System *nur ihre eigene System/Umwelt-Unterscheidung* bewegen können, *plant* sie Interventionen, deren Ergebnis aus der Perspektive der Berater erwartbar, aus der Perspektive des beratenen Systems jedoch unerwartbar ist. Die überzeugendste Formel für dieses Verfahren ist die Beschreibung, daß das beratene System *mit Kommunikation* konfrontiert wird [211] und damit vielleicht erstmals die Erfahrung seiner eigenen Ungewißheitsabsorption macht beziehungsweise erstmals *sieht*, durch welche Verfahren, Geschichten, Gewohnheiten und Unterstellungen es sich erspart hat, die eigene Konstitution in der Kommunikation zur Kenntnis zu nehmen. Dazu war auch, wohlgemerkt, bisher nie Anlaß. Immerhin ist eine Organisation eine Organisation, damit sie routiniert ihre Routinen verfolgt. Die Beobachtung der Metakommunikation ›Wir kommunizieren‹ würde dabei nur stören. Der Anlaß dazu besteht erst dann und nur dann, wenn die Form der Kommunikation in einer Organisation einer markt-, kapital- oder technologiebedingten Reorganisation der Organisation im Wege steht.

Die Mogelei der Berater besteht hier darin, daß sie sich *auf ein Wissen zurückziehen*, um die beratene Organisation zu einer Phase des Nichtwissens zu ermutigen, obwohl auch die Berater *nicht* wissen können, ob und wie diese Phase genutzt werden kann. Die Berater mogeln Weisheit und geben, zur Rede gestellt, allenfalls ein Prozeßwissen zur Periodisierung und damit zur Gestaltung dieser Phase zu erkennen. Jeder Schritt innerhalb der Phase vergewissert darüber, daß sie ein Ende haben wird, so wie sie auch einen Anfang gehabt hat. Das macht sie aushaltbar und entwickelt sie weiter. Die Schnitte zwischen den Phasen einschließlich ihrer Evaluierungsriten der gemachten Erfahrungen und veränderten Erwartungen führen die Reflexion auf den Unterschied zwischen dieser Phase und dem gängigen Arbeitsalltag der Organisation in die Phase wieder ein und informieren alle Beteiligten über den Stand der Dinge, wobei die Weisheit der Berater in dem Wissen besteht, daß diese Information die Dinge nicht unverändert läßt, sondern möglicherweise diejenige Ebene ist, auf der sie sich wirklich verändern. Wer sich über sich selbst informiert, ist danach nicht nur über sich informiert, sondern auch ein anderer.

Die beratene Organisation lernt zu kommunizieren, ohne wissen zu müssen, was es mit Kommunikation auf sich hat. Sie wird in die Möglichkeit des Nichtwissens eingeführt und dabei eng an der Leine eines Wissens um dieses Nichtwissen gehalten. Damit wird ein Prozeß ermöglicht, in dem die Organisation *lernen kann, ihr Nichtwissen produktiv zu nutzen*, ohne dieses Nichtwissens jemals gewahr werden zu müssen. Denn in jedem Fall weiß sie ja, *daß sie beraten wird*, das heißt, sie ersetzt ihr eigenes Wissen um ihr Nichtwissen durch ein sozial wesentlich leichter handhabbares, weil zurechenbares, Nichtwissen um das Wissen des Beraters. Und selbst dieses Nichtwissen ist ein Wissen, weil es sonst gar nicht zum Beratungsauftrag gekommen wäre. Zu Recht verweisen daher systemische Berater darauf, daß bereits die Akquisitionsphase eines Beratungsauftrags Teil der Beratung ist, die im übrigen hier wie fast jederzeit danach an einem Immunsystem der Organisation scheitern kann, das mit dieser verkapselten Form des Nichtwissens nicht zu Rande kommt.

Hier ist also der Berater das zwölfte Kamel – und der Richter, der dieses Kamel zur Verfügung stellt. Die Beratung ist zu Ende, wenn das Kamel zurückgegeben wird. Die Beobachtermogelei besteht darin, daß der Berater mit einem Wissen um die Bedeutung von Systemgrenzen *interveniert*, von der das intervenierte System vor, während und nach der Beratung nichts wissen muß, obwohl sein eigenes Systemverständnis die Intervention für *unmöglich* erklärt. Tatsächlich addiert sich der Berater zu den Beständen des Systems, *indem* er sich von diesen Beständen zugleich auch wieder subtrahiert. Er ist drinnen und draußen, und jeder, der ihn beobachtet, kann lernen, wie man das macht. Er ist der Richter, der das Kamel zur Verfügung stellt und keinen Moment aus den Augen läßt.

Der spannende Punkt ist, daß dies geht, *weil der Berater kein Operations-, sondern ein Beobachtungsproblem der Organisation* löst. Er diagnostiziert ein Stocken des Systems, das nicht auf der Reproduktionsebene des Systems liegt, sondern in seinem Selbstverständnis begründet ist. Mit einem anderen Selbstverständnis gelangt das System auch zu anderen Problemwahrnehmungen und zu einem anderen Lösungsverständnis. Der Berater bietet Anlässe zur Variation des Selbst, und das kann er nur, weil er sich selbst an die Systemgrenze begibt, in der das Selbst konstituiert ist, *und zu erkennen gibt, daß dort nichts ist, was sich wehren könnte, wenn man es (beziehungsweise: wenn es sich) ändert*. Es geht darum, schon dann ändert sich das ›Selbst‹ [16: 164], für das System zur Disposition zu stellen, was es einschließt und was es ausschließt, um sich selbst zu reproduzieren und indem es sich reproduziert. Ein- und Ausschluß kann der Berater schon daran erkennen, wie das System mit ihm umgeht, so daß es unter Umständen genügt, das Kamel blicken zu lassen.

Kunst als Ornament

Auch die *Kunst*, unser nächstes Beispiel, ist eine Praxis des Nichtwissens. Das erkennt man daran, daß die Virtuosität, mit der sie gehandhabt wird, für den Betrachter wie für den Künstler eine Überraschung ist, gleichgültig, wie genau man um die Disziplin weiß, die im künstlerischen Arbeiten steckt. Darum wäre der Vorschlag von Heinz von Foerster [246] aufzugreifen, die Kunst generell aus ihrer Verpflichtung auf die *Abbildung* zu lösen und sie statt dessen als eine *Gabe* zu begreifen, für die man sich *bedankt*, die man jedoch nicht daraufhin überprüft, ob sie ein gutes oder schlechtes, ein richtiges oder falsches Bild von etwas ist, um das es ihr ja gar nicht geht.

Mit dieser Perspektive ändert sich alles. Die traditionellen Begrifflichkeiten der Nachahmung, Repräsentation und Mimesis werden als Konstrukte von Beobachtern, wenn nicht sogar als Mogeleien erkennbar, die an die Stelle dessen, daß *man nicht weiß*, was passiert, wenn Künstler und Betrachter sich einem Kunstwerk aussetzen, ein *Wissen um einen Gegenstand*, sei er getroffen oder nicht getroffen, setzen, über den man so lange streiten kann, bis die Gabe als solche vergessen ist. Der Tausch, den diese traditionelle Begrifflichkeit und die ihr entsprechende Praxis instituieren, ist von vornherein eine Ablenkung, denn der Betrachter gibt dem Künstler einen Gegenstand ›zurück‹, den der Künstler dem Betrachter gar nicht gegeben hatte. Es bleibt ein Rest, eine Differenz zwischen dem Kunstwerk und seinem Gegenstand, den die Gesellschaft mit dem Titel ›Kunst‹ zu bezahlen hat. Der Titel sichert dem ›Künstler‹ eine generelle Anerkennung, die ihrerseits jedoch wiederum so überzogen ist, daß sie sich im Handumdrehen in eine Verpflichtung des Künstlers verwandelt, der dieser niemals genügen kann. Der Kunstmarkt springt ein, um die Ambivalenzen auszureizen und einen wirtschaftlichen Ausgleich herbeizuführen, dessen terms man ansieht, daß ein gesellschaftlicher Ausgleich nicht möglich ist. Spätestens bei den Preisen für die Kunstwerke setzt sich die Gabe wieder durch, denn die Preise sind entweder zu hoch oder zu niedrig, um irgendeinen Anspruch auf Dekkung erheben zu können.

Kunst und Gesellschaft haben sich in diesem Handel mit der Gabe für den Gegenstand jahrhundertelang bestens eingerichtet und es dabei in Kauf genommen, vielleicht sogar beabsichtigt, daß die eigentliche Gabe der Kunst, das *Ornament*, zum ›bloßen Ornament‹ herabgewürdigt wurde. Im Ornament aber steckt die Kunst als Praxis des Nichtwissens, die von einem vermeintlichen Wissen um ihren Gegenstand nur verdeckt wird, auch wenn man zugestehen muß, daß dieses das Nichtwissen verdeckende Wissen gleichzeitig das Milieu, die Umgebung, schuf, in dem die Kunst mit ihrem Nichtwissen gedeihen konnte [36: 57 ff.; 155: 28 ff.; 159: 193 ff.]. Das Ornament ist das, wovon man nicht wissen kann, wozu es dient, noch wie es motiviert ist, es sei denn durch das Ornament selbst. In der Architektur [58; 48; 204] scheint es sich immer schon großer Beliebtheit erfreut zu haben, vielleicht weil man hier den Eindruck haben konnte, es durch die Funktion der Architektur besser kontrollieren zu können, und es sowohl auf der Innenseite wie auf der Außenseite der Form der Architektur sowohl einsetzen als auch auf Abstand halten zu können. Aber auch in den anderen Künsten ließ sich auf Dauer nicht geheimhalten, daß das Ornament jenes *supplément* ist, das die Kunst erst Kunst sein läßt.

Das Ornament ist der perfekte Ausdruck des Nichtwissens. Es ist nichts anderes als ein Rahmen, der in wechselnden Hinsichten geeignet ist, sowohl auf seiner Innenseite wie auf seiner Außenseite zu erkunden, was er rahmt, und was erst eine Form gewinnt, weil er es rahmt. Das ist auch der Grund dafür, daß man glauben konnte, in der Kunst ginge es um Gegenstände. Denn auch ein Gegenstand ist bei genauerem Hinsehen, Hinhören, Schmecken, Tasten und Lesen nichts anderes als ein Objekt, dessen innere und äußere Konstitution man erforschen kann, ohne es selbst je zu fassen zu bekommen. Es selbst ist nichts anderes als der Aufschub der Möglichkeit, entweder seinen Innenhorizont oder seinen Außenhorizont weiteren Nachforschungen auszusetzen. ›Verdinglicht‹ ist es daher schon nicht mehr, was es nur in dieser Differenz ist.

Das Ornament ist daher das Objekt selbst. Es ist dieses Objekt insofern, als erst im Ornament Form und Medium der Wahrnehmung eines Objekts sichtbar und auf niemals ganz verläßliche Weise unterscheidbar werden. Das Kunstwerk lädt den Verstand des Betrachters ein, seine Aufmerksamkeit zwischen dem Gegenstand als Form (Ton, Figur,

Wort, Geste ...) und dem Medium, in dem die Form sichtbar wird (Klang, Farbe, Text, Bühne...), hin und her wandern zu lassen. Deswegen ist es die Gabe der Form und des Mediums und niemals das Abbild des Gegenstands. Wenn es uns normalerweise leicht fällt, von einem Gegenstand etwas zu wissen zu glauben, so merken wir beim Erlebnis des Kunstwerks, daß der Gegenstand mehrdeutig wird, weder Innen noch Außen einen Halt findet, dafür jedoch das Medium eine Präsenz gewinnt, die sich erst beim Versuch des Zugriffs wieder auflöst.

Die Kunst ist eine Praxis des Nichtwissens, inauguriert durch die Mogelei mit der Abbildung des Gegenstandes, die unsere Konstruktion unserer Welt insgesamt betrifft. Sie öffnet und nutzt eine Differenz zwischen Wahrnehmung und Kommunikation, die es offen zu lassen erlaubt, von woher ein Beobachter eingeführt wird, dem auffällt, wie festgefahren oder nervös unser Bild der Welt ist. Ob hier die Wahrnehmung die Kommunikation korrigiert oder umgekehrt die Kommunikation die Wahrnehmung, ist nicht auszumachen. Beides ist möglich. Wenn der Schnitt der Bilder im Fernsehen seinen Nachrichten in die Parade fährt, ist unklar, ob das Medium die Komplexität der Wahrnehmung gegen die Einlinigkeit der Nachricht zur Geltung bringt oder ob das Medium seine eigene Kommunikation dem hilflosen Betrachter aufzwingt. Unklar ist dies zumindest dann, wenn man das Fernsehen oder einzelne Sendungen im Fernsehen als Kunst betrachtet. Hierin heute die Wahl zu haben, ist nicht die kleinste Leistung eines Kunstbegriffs und einer Kunstpraxis, die sich auf die traditionellen Künste nicht mehr einschwören lassen. Das Fernsehen ist längst jene Ambivalenz von Form und Medium, die sich bisher nur dem Kunstwerk zuschreiben ließ. Die ›Artifizialisierung‹ der Gesellschaft im Medium des Fernsehens ist daher nicht nur eine Redensart, sondern deutet einen Blickwechsel an, der durch die Etiketten der ›Postmoderne‹ intellektuell und der ›cultural studies‹ geisteswissenschaftlich beglaubigt wird.

Kultur der Werte

Unser nächstes Beispiel betrifft die *Kultur*. Hier ist die Mogelei auf den ersten Blick zu erkennen: Die Kultur handelt mit Identitäts-, Authentizitäts- und Traditionsmarken zur *Absicherung* bestimmter Werte des Lebensstils und Selbstverständnisses, die erst zustande kommen, wenn der historische und regionale Vergleich, als intellektuelle Praxis eingebürgert seit dem 18. Jahrhundert, diese Werte *verunsichert* hat [158; 170]. Sowohl die Identität eines Selbstbewußtseins als auch die Authentizität eines Lebensstils und die Tradition des Gewohnten kommen erst zustande, wenn sie nicht mehr selbstverständlich sind. Die Rolle der Verunsicherung wird vom *Vergleich* übernommen. Unternommen, um sich zu informieren über andere Leute, infiziert er diese mit den Kriterien des Vergleichs, und beunruhigt die eigenen Leute damit, anders zu sein als die anderen. Der andere wird erst zum anderen, wenn er nicht mehr anders ist, und man selbst wird erst man selbst, wenn man nicht mehr man selbst ist. Geboren aus dem Wunsch zu wissen, wie die anderen leben, macht der Vergleich deutlich, daß man nicht weiß, wie man selber lebt, und daher die Behauptung, den Stil, an die Stelle der Sache selber treten lassen muß.

Diese Beschreibung muß hier nicht wiederholt werden [11]. In unserem Zusammenhang ist jedoch interessant, daß man die kulturelle Vergleichspraxis als eine Praxis des Nichtwissens beschreiben kann, die die Beobachtung, daß es bei den anderen wie bei den eigenen um *Werte* geht, zur Erkundung dieser Werte und ihrer Reichweite nutzt [164: 340 ff. und 586 ff.]. Für Werte interessiert man sich erst, wenn man nicht mehr weiß, ob sie noch gelten, sei es für die anderen, dann insistiert man aristotelisch auf dem Tugendkosmos, sei es für einen selbst, dann vergewissert man sich bei der Kultur. Es scheint kein Zufall zu sein, daß Werte als mögliches Kommunikationsmedium erst in dem Moment in den Blick kommen, in dem auch die Kulturformel von der modernen Gesellschaft zur Formulierung ihres eigenen Gedächtnisses umgearbeitet und ausgearbeitet wird. Werte spielen die Rolle des zwölften Kamels. Sie werden eingeschmuggelt, um ins Stocken geratene Sozialsysteme wieder ins Laufen zu bringen, und werden verwandelt zur Kultur wieder zurückgegeben. Vielleicht kann man auch sagen, daß sie mit einem kulturellen Index versehen werden, um sie als Schmuggelware zu kennzeichnen und in dieser Form sowohl zu behalten als auch zurückzugeben. Sie besetzen die Differenz zwischen den anderen und den eigenen Leuten und halten damit auf Abstand, was auf der Ebene des Vergleichs längst als vergleichbar gilt.

Damit werden alle Werte überprüfbar, weil durch nichts die Möglichkeit auszuschalten ist, sie zum einen untereinander und zum anderen aus den wechselnden Perspektiven der verschiedenen Lebensstile zu vergleichen. Sie sind eine Beobachtungsformel, die Selbstverständliches und Ungewöhnliches gleichermaßen zu identifizieren vermag und die dazu, das ist entscheidend, auch die eigenen Erwartungen, was normal und was abweichend ist, disponibel setzen und kontingent halten muß.

Mit all dem wird die Kulturformel allmählich ein Kandidat für die Motivation und Selektion von Kommunikationen,die auf der Ebene der Weltgesellschaft andernfalls an genau den Differenzen scheitern würde, auf die die Kulturformel aufmerksam macht. Die Kulturformel motiviert zu Kommunikationen, in denen sich als gemeinsamer Wert nur unterstellen läßt, daß keine gemeinsamen Werte unterstellt werden können. Wie immer diese Unterstellung dann in wirtschaftlichen, politischen, touristischen und amourösen Absichten abgesichert ist, sie öffnet auf jeden Fall einen Raum, in dem man zunächst einmal nicht wissen muß, wie es weitergeht, und trotzdem etwas tun kann, was die Situation zu klären erlaubt.

Man hat Kultur, wenn man die Kompetenz aufbringt, Kommunikationen in Gang zu setzen, die sowohl an wahrnehmbaren als auch an bereits kommunizierten Differenzen scheitern kann. Vielleicht war das sogar immer schon ein Zeichen von Kultur, von Kultiviertheit, auch von Zivilisation, mit dem anderen reden zu können, ohne sich dabei in Frage gestellt zu sehen. Identitäten und Authentizitäten sind hier nichts anderes als Angebote, die durch dasselbe, wenngleich in anderer Form, erwidert werden können, ohne daß irgendein Zweifel daran besteht, daß man mit Blick auf andere Differenzen andere Angebote machen würde. Deswegen schlägt Derrida [41] vor, den Erwerb kultureller Kompetenz als den Erwerb einer Sprache zu betrachten, mit der man sprechen kann, ohne bereits zu benennen. Dies ist um so wichtiger, weil kein Kulturkontakt unschuldig ist, sondern immer mit einem Gedächtnis bereits stattgefundener und asymmetrischer Begegnungen und Benennungen gerechnet werden muß, das nicht sichtbar ist und trotzdem auf die eine oder andere Weise zur Sprache kommen können muß.

Mit anderen Worten, kulturelle Kompetenz zielt auf ein Wissen um ein Nichtwissen, auf eine Ethik, wenn dieses Wort hier verwendet werden darf, die zur kulturellen Kommunikation ermutigt, indem sie jede Erwartung von Selbstverständlichkeit entmutigt. In dieser Form, auch das trägt der Kulturbegriff in sich, seit er zu einer Ethnologie der Beobachter selbst ausgearbeitet worden ist, eignet sich Kultur zur Motivation von Kommunikation auch über innerkulturelle Grenzen hinweg, etwa zwischen Chef und Mitarbeiter, Schüler und Lehrer, Mann und Frau, Eltern und Kindern, Arzt und Patient. Das Interessante am Kulturbegriff ist, daß er auch zur Beschreibung dieser Differenzen eingesetzt werden kann und auch hier in die Differenz zwischen Entmutigung und Ermutigung der Kommunikation die Möglichkeit der Genese eines Wissens einzeichnet. Wenn man mit diesem Wissen in die Kommunikation hineinginge, hätte man bereits verloren. Statt dessen stellt uns die Kultur rasch wiedererkennbare Marken des Nichtwissens – Takt, Höflichkeit, Vorsicht und Respekt – zur Verfügung, mit denen wir uns und die anderen sich in der Kommunikation behaupten können.

Eine Ethik ist dies im strengen Wortsinn schon deswegen, weil es allfällige Tendenzen zur Moralisierung der Situation und ihrer Teilnehmer unterbindet. Falsch und richtig, gut und böse sind Unterscheidungen, die in Reserve gehalten werden, um die gemeinsame Situation von anderen zu trennen. Darin liegt auch ihre Gefahr, die die Ethik (als Reflexionstheorie der Moral [144]) im Auge behalten muß. Kulturelle Kompetenz kann umschlagen in die Konstruktion einer Gemeinsamkeit mit dem anderen gegen Dritte und auf Kosten Dritter. Das gilt für Unternehmenskulturen ebenso wie für nationale Kulturen, Geschlechtskulturen, Familienkulturen und Fußballvereinskulturen. Je schärfer die Differenzen, die intern überbrückt werden müssen, desto stärker ist die Tendenz, Differenzen zu einem gemeinsamen Außen genau dafür in Anspruch zu nehmen.

Aber das ändert nichts daran, daß einer Ethik der kulturellen Kompetenz auch die Distanzierung der Moral zu eigen ist. Die Herausforderung einer Ethik besteht daher darin, mit einem Gedächtnis in eine Situation hineinzugehen, das zwischen Erinnern und Vergessen unterscheiden kann und beides als Ergebnis einer gemeinsamen Kommunikationsgeschichte ermöglicht. Deswegen stellt Heinz von Foerster seine Kybernethik in den Kontext einer ›Lethologie‹ [244: 126 ff.], einer Lehre des Vergessens. Zu Konflikten kommt es erst, wenn man merkt, daß die anderen nicht vergessen haben, was sie vergessen zu haben behaupten. Dann kippt die Situation kultureller Kompetenz in die Situation kulturellen Mißtrauens zurück. Aber dann ist es auch zu spät für die Rückgabe des Kamels. Es wird im Konflikt verbrannt und steht für keinerlei Beobachtung mehr zur Verfügung. Die Mogelei wird aufgedeckt, die Ethik macht sich von dannen und von Kultur kann keine Rede mehr sein.

Die Welt der Designs

Ein weiteres Beispiel ist das *Design*. Die Mogelei, die das Design als Praxis des Nichtwissens freisetzt, besteht in der Behauptung, das Design habe etwas mit *Mode* zu tun. Natürlich ist das Design nicht nur modisch, sondern auch

Moden unterworfen, daran besteht kein Zweifel, und ebenso natürlich könnte man auch die Mode selbst als Praxis des Nichtwissens, in Gang gesetzt durch die unmögliche und durch die Mode selbst vereitelte Suche nach dem schönsten Kleid beschreiben [109]. Aber im Design geht es um etwas anderes. Im Design wird die Mode als zwölftes Kamel eingesetzt, weil man nur so die beiden Seiten des Designs, die äußere Umwelt der Dinge und die innere Umwelt unserer symbolischen und stilistischen Plazierung dieser Dinge in immer neuen Kombinationen und in einer endlosen Suche nach der Logik dieser Kombinationen miteinander in Berührung bringen kann.

Diese beiden Umwelten sind es jedenfalls, die Herbert Simon [222] einer unmöglichen ›Wissenschaft‹ vom Design als Orientierungspunkte angeboten hat – mit der Maßgabe, jeweils nach Designlösungen zu suchen, die diese äußere Umwelt an unsere innere Umwelt anpassen. Wir müssen an der Aufgabe der Anpassung nicht festhalten, um Simon dennoch in dem Punkt zu folgen, daß er von einem ›Interface‹ zwischen diesen beiden Umwelten spricht, das vom Design je nach Aufgabenstellung deutlich gemacht oder verdeckt wird, in jedem Fall jedoch die Designlösung als solche *motiviert*, und zwar von beiden Seiten her, das heißt *als Differenz* motiviert.

Simon spricht von einer ›Logik der Optimierung‹, die dem Design wenn keine wissenschaftliche, so zumindest eine professionelle, also an einer ›Kunst‹ orientierte Aufgabenstellung vermitteln könne. Wenn wir hier statt dessen eine Idee von Ranulph Glanville [67; 69] aufgreifen, können wir den Designprozeß als eine ›reflexive Praxis‹ begreifen, in der es darauf ankommt, die beiden Umwelten und die Möglichkeit des Interface zwischen ihnen *zu erkunden*. Das Design wäre dann eine Praxis des Nichtwissens, die den modischen Wechsel des Designs auf Informationen über diese Umwelten und das Interface absucht. Den ›idealen Stuhl‹ gibt es nicht, weil wir spätestens nach zehn Minuten in *jedem* Stuhl unsere Sitzstellung wechseln, und das erst gibt dem Design die

Freiheit, sich selbst als Erforschung des Sitzens in Abhängigkeit von einem Verständnis des Stuhls als Aufforderung zum Sitzen – beziehungsweise als Gleichgültigkeit gegenüber dieser Funktion oder gar als Abschreckung, die am Design nur noch das Design markiert – zu verstehen.

Das Design ist daher in der glücklichen Lage, nicht nur zu leisten, was es leistet, sondern zugleich zu kommunizieren, was es leistet – und man weiß, wie leicht es fällt, das eine mit dem anderen zu verwechseln oder Ersteres durch Letzteres zu ersetzen. Aber der springende Punkt besteht darin, daß das Design nur so in seine geradezu kognitionswissenschaftliche Funktion eingesetzt werden kann, uns unsere Welt in Abhängigkeit von unserem Gebrauch der Welt vor Augen zu führen. Wenn man Amerika empfehlen konnte, seine Architektur nicht an europäischen Vorbildern und ihrer Ablehnung, sondern an Schiffsbauten zu orientieren [73], dann ist damit eine Designaussage getroffen, die den Amerikanern ein Interface zu ihrer gebauten Umwelt entspricht, das zugleich Ausdruck für ihre ›innere Umwelt‹, für ihre historische Situation und für ihren Distinktionsbedarf ist. Und umgekehrt kann an einer solchen Designaussage das tatsächliche Profil der amerikanischen Architektur studiert werden, das sich dann doch eher am Vorbild von Las Vegas orientiert [239], und zwar durchaus nicht in denunzierender Absicht, sondern weil Glücksspiel, Heirat und Geschäft hier ihren gemeinsamen Nenner des American Way of Life als *Wette* offenbaren und die Architektur durch ihre Elemente des Casinos, des Glamours und der Übergänge zwischen Innen und Außen dies ›zum Ausdruck‹ zu bringen versucht. Vielleicht ist auch dies eine Architektur des Schiffsbaus, aber worauf es ankommt, ist, im Design und mit dem Design *eine Aussage* zu treffen zum prekären Verhältnis zwischen Kognition, Konstruktion und Erfahrung. Nur deswegen, so kann man vermuten, interessiert den modernen Intellektuellen das Design mehr als alles andere [21].

Design ist Kommunikation [263]. Es wartet ab, daraufhin gelesen zu werden, was es verstanden hat. Es ist mit Blick auf sein und unser Verstehen eine Kommunikation, die auch dort Kommunikation unterstellt, wo es keine gibt, nämlich zwischen den beiden Seiten eines Interface. Es bringt zur Sprache, was nicht spricht, und kann sowohl dazu genutzt werden, die Sprache zu simulieren, damit das Interface zum User Interface wird, als auch dazu, die Sprachlosigkeit zum Ausdruck zu bringen, aber dann gerät es allzu sehr in die Nähe der Kunst. Also stellt es dem Benutzer nach, umgarnt ihn und verführt ihn, um sich ihm, indem er sich ein bestimmtes Outfit zulegt, eine bestimmte Musik hört, eine bestimmte Sprache pflegt, an bestimmten Orten und in den richtigen Hotels Ferien macht, als Lebensstil anzudienen. Hier bekommt die Mogelei mit der Mode ihre zweite Funktion, denn Lebensstile, die auf Design und Imitation beruhen, sind in ihrer Distinktionslogik zu prekär gebaut, um anders als in ihrem dauernden Wechsel stabil gehalten werden zu können. Damit aber wird das Design erst recht zum Interface sogar zur modernen Gesellschaft selber, indem es deren dynamische Stabilisierung zum Gesetz der Dinge selber macht.

Man wird das Design als Praxis des Nichtwissens auf unterschiedlichste Interfaces hin lesen können, aber dominierend sind wahrscheinlich die Schnittstellen zwischen Technik, Körper, Psyche und Kommunikation. Wenn man diese ›Welten‹, die jeweils von einem mehr oder minder elaborierten Wissen beschrieben werden, miteinander in Differenz setzt, verschwindet dieses Wissen und macht Experimenten Platz, die die Experimente des Designs sind. Das gilt in allen Konstellationen, die man sich hier vorstellen kann, gleichgültig, ob die Kommunikation sich qua Schrift der psychischen Wahrnehmung andient, die Psyche (und die Kommunikation) über die Visualisierung von Schaltbildern ein Verständnis der Technik sucht, die Technik eine Ergonomie verordnet bekommt, die dem Körper angemessen ist, oder der Körper eine Gestalt bekommt, mit der er sich kommunizieren kann. Hier nichts mehr für selbstverständlich zu halten, sondern Auflösungs- und Rekombinationspotential allerorten zu sehen, wird zum Spielraum eines Designs, das schließlich bis in die Pädagogik, die Therapie und die Medizin reicht. Das Design gewinnt eine ›Form‹, in der sich jedes nur denkbare Schnittstellen-Problem auf der Innenseite und alles andere auf der Außenseite befindet, mit dem Design selbst als Motiv und Wert einer Unterscheidung von Schnittstellen, die, wenn man kann, überall gesehen werden können, gleichgültig, ob man sich für eine Zigarettenmarke, für ein Buch oder für ein Argument entscheidet.

Die Aufgabe, die das Design als Praxis des Nichtwissens übernommen hat, ist wegen dieser Form so kompliziert, daß das Kamel Mode, designintern zuweilen noch substituiert durch den Glauben des Ingenieurs an die optimale Lösung, überall willkommen geheißen wird, wo man Gründe braucht, die nicht mehr überzeugenden Lösungen von gestern durch neue Lösungen zu ersetzen. ›Zurückgegeben‹ wird dieses Kamel in der Regel nur ungern, weil die Mode als Aufgabe des Metadesigns viel zu sehr dazu verlockt, sie als eigenes Spiel zu spielen. Aber dann wird sie als Designproblem gesehen und den eigenen Kamelherden einverleibt.

Dienst am Kunden

Die *Dienstleistung* ist eine Praxis des Nichtwissens, die viele vertraute Praktiken der als Arbeits- und Produktionsgesellschaft verstandenen Gesellschaft auf den Kopf stellt. Zum einen erinnert sie an alte Praktiken des Dienens, die man aus Feudalgesellschaften und anderen traditionellen Gesellschaften kennt und die dort immer mit *Unterschieden sozialer Schichtung* einhergingen. Wer diente, konnte nicht derselben Schicht angehören wie derjenige, dem er diente. Nur das Kloster entwickelte eine schichtunabhängige Konzeption des Dienens.

Zum anderen hebt die Dienstleistung den alten *Unterschied zwischen Produktion und Konsum* auf und damit auch eine Fülle von Rhetoriken, die es erlaubten, zwischen

Herstellung | Marketing

der technischen Qualität einer Produktherstellung und dem Marketing dieses Produktes eine scharfe Trennung zu ziehen, um die bereits gesicherte technische Qualität zum Verkaufsargument zu machen. Rückkopplungen zwischen Marketing und Produktion kommen erst in den Blick, seit die Qualität eines Produktes nicht mehr nur in seiner Technik, gleichsam in der kausalen Kontrolle seiner Fähigkeit, Bedürfnisse zu befriedigen, gesehen wird, sondern zunehmend in seiner Fähigkeit, Lebensstilfragen aufzugreifen und zu beantworten. Damit rückt das Produkt auf die andere Seite der Form der Kausalität, die man als ›Ästhetik‹ bezeichnen kann, wenn darunter mit Nietzsche [187] ein Vermögen verstanden wird, kausal miteinander nicht verkoppelte Bereiche ineinander zu übersetzen und aufeinander abzubilden. Insofern haben wir es auch hier mit Designproblemen zu tun.

Die Dienstleistung muß also, wenn sie sich als Praxis bewähren soll, den Rekurs auf traditionelle Unterschiede der sozialen Schichtung vermeiden und zugleich einen für unsere Gesellschaft prägenden Unterschied zwischen Produktion und Konsum unterlaufen. Das ist gleichsam ihr arithmetisches Problem, wenn sie in der Lage sein soll, in die im übrigen unproblematische Systemlogik des wirtschaftlichen Handels eingeführt zu werden. Wie aber schafft sie es, den Rekurs auf die alte Semantik des Dienens zu vermeiden?

Das zwölfte Kamel, das der Dienstleistung zu Hilfe kommt, heißt ›Individuum‹ [142]. Die Dienstleistung tut so, als sei sie kein Austausch zwischen einem Käufer und einem Verkäufer oder gar zwischen einem ›Herrn‹ und einem ›Knecht‹, sondern als habe sie es mit einer Interaktion zwischen zwei (oder mehr) Individuen zu tun, die *in ihrer Individualität* angesprochen und zum Ausdruck gebracht werden müssen, damit eine Transaktion realisiert werden kann. Wie kurz auch immer das Gespräch ist, das zwischen Taxifahrer und Fahrgast, Friseur und Kunde, Kellner und Restaurantgast unterhalten wird, es muß die beiden beteiligten Parteien als equals etablieren, damit eine Dienstleistung zustande kommt, deren Qualität eine andere ist als der Vertrieb eines technisch bereits hinlänglich definierten Produkts. Der Kunde wird in die Produktion mit hineingezogen und der Verkäufer bringt jedes Verständnis für die individuellen Bedürfnisse des Kunden auf, um gemeinsam ein Produkt zu definieren, das ohne diese Interaktion nicht realisiert worden wäre.

In diesem Sinne können alle Produkte Gegenstand einer Dienstleistung werden, die Leerstellen enthalten, die erst in der Interaktion zwischen Kunde und Dienstleister aufgefüllt werden können, gleichgültig ob es um eine Frisur, einen gelungenen Abend an der Bar, eine Ferienreise oder ein Auto mit einer wählbaren Ausstattung geht. *Sobald gewählt werden kann*, greift eine Logik der Dienstleistung, die nur darauf angewiesen ist, *ein Individuum, das wählen kann*, in die Transaktion einzuführen, und sei es, daß der Dienstleister dies dem Kunden in der Interaktion und für die Dauer der Interaktion erst beibringt oder auch nur unterstellt und für ihn wählt.

Die Mogelei ist deutlich erkennbar und auch leicht zu durchschauen, obwohl man nicht den Eindruck haben muß, daß der mitwählende und mitarbeitende Kunde immer nur aus Gründen der Kostenreduktion ins Feld geführt wird. Denn der Kostenaufwand, eine Kombinatorik möglicher Produkte mit den entsprechenden Standardisierungsverlusten vorhalten zu müssen, ist trotz flexibleren Computerrechenleistungen zum Teil erheblich. Und auch die Interaktion selbst zwischen Kunde und Dienstleister fällt durchaus als Kostenargument ins Gewicht, dem allerdings nicht unerhebliche Gewinnmöglichkeiten gegenüberstehen, je mehr der Kunde sich angesprochen fühlt und für die Ansprache zu zahlen bereit ist. Die Mogelei liegt in der Funktionalisierung der Eigenschaft der Individualität auf Kunden- und Dienstleisterseite. Es kann nicht um das wirkliche Individuum gehen, weil es über Mechanismen abweichender Imitation längst in eine paradox homogenisierende Differenzierung eingebaut ist, die das Individuum mit wiedererkennbaren Merkmalen ausstattet, die es bis in seine Idiosynkrasien hinein als Argument verwendbar machen, ohne seinen möglichen Widerstand je anders als über eine mehr oder minder auffällige Exklusion zu berücksichtigen. Die Pointe daran ist allerdings, daß dieses sozial konstruierte Individuum das ›wirkliche Individuum‹ ist. Es gibt kein anderes, weil alles andere selbst wieder der Imitationslogik der Abweichung unterworfen wird.

An dieser Realisierung des Individuums als zwölftes Kamel könnte man die Liste der Luhmannschen Figuren des Kamels im Rechtssystem noch einmal durchspielen: das Individuum als lokalisierte Selbstreferenz der Dienstleistungskommunikation; die Gewalt seiner Zurichtung, aber auch seines Zugriffs auf die Situation; die Codierung nach konformer und abweichender Individualität; die Redundanzstruktur der hier in Anspruch genommenen und generierten Individualität; die politische Rhetorik, mit der es als Kunde der kommenden Dienstleistungsgesellschaft begrüßt wird; die Organisation der Rivalität, auf die Produktion und Konsum unserer Gesellschaft nach wie vor eingeschworen sind; und seine Beobachterrolle »höchster Unsicherheit und letzter Unentschiedenheit«, zu der es sich herausgefordert und verführt, in der es sich gemeint und verfehlt vorkommen kann. Das Individuum, das hier perfekt in Anspruch genommen wird, ist eben nicht ›perfekt‹, sondern nur nach allen Regeln der Struktur der unmöglichen Gabe zu denken. Es ist das *supplément*, das als Abgeleitetes die Strukturen der Gesellschaft nicht dominiert, das wäre zu viel gesagt, aber doch in vielen Hinsichten zum Umdenken zwingt, gleichgültig, ob wir es mit einer Politik zu tun haben, deren Parteien ihren Megaphoncharakter gesellschaftlicher Ideologien verlieren und sich zu Zweiwegveranstaltungen politischer Meinungsbildung umwandeln müssen, oder mit einer Erziehung, die weder den Produzenten auf die Perfektion der Technik noch den Konsumenten auf bereits geleistete Definitionen seiner Bedürfnisse mehr einschwören darf, oder mit Massenmedien, in denen ein differenziert homogenisiertes Publikum selbst zum Hauptakteur wird.

Wenn es sich bei der Dienstleistung tatsächlich vorwiegend um eine Arbeit gesellschaftlicher Reproduktion, um eine auf die eigenen Bedingungen und Umstände der Herstellung reflexiv gewendete Arbeit, also um ›Instandhaltung‹ in einem sehr weiten Sinne des Wortes handelt [20], dann hat dies Folgen, die an eine reflexive Wendung der Gesellschaft selbst, an eine operative Schließung der Gesellschaft über ihren eigenen Zuständen heranreichen. Denn dann wäre die Dienstleistung, ins Spiel gebracht durch die Mogelei mit der Individualität des Individuums, der Sensor, der zumindest die in der Differenz von Produktion und Konsum steckende Externalisierungsleistung gesellschaftlicher Reproduktionsbedingungen hinfort erschwert. Die Dienstleistung würde die alte sozialistische Utopie realisieren, in einer klassenlosen, weil komplett durchindividualisierten Gesellschaft, die Arbeit als um ihrer selbst willen unternommene Praxis zu realisieren. Das könnte man sich auf allen Ebenen und wirtschaftlichen Niveaus der gesellschaftlichen Reproduktion vorstellen. Die Gewinne, die mit dieser Dienstleistungsproduktion anfallen, müßten dann nicht mehr unter kapitalistischer Ausbeutung der Produzenten verbucht werden, sondern könnten als Gabe, mit der die Gesellschaft sich selbst beglückt, staatlich besteuert werden.

Theorie der Wirklichkeit

Ein letztes Beispiel dürfen wir im Rahmen einer Theoriearbeit, die das Verbot der Selbstexemtion ernst zu nehmen versucht, nicht auslassen. Zu fragen wäre, ob auch die *Theorie* eine Praxis des Nichtwissens ist und sich somit ›systematisch‹, das heißt in der Zusammenstellung dessen, was man auch voneinander trennen kann, einer *Mogelei* verdankt. Es würde niemanden überzeugen, wenn wir jetzt ›Nein‹ sagen würden und in der Tat könnte dieses ›Nein‹ wohl auch kaum begründet werden.

Also versuchen wir es mit einem ›Ja‹ und greifen zu diesem Zweck den bisher liegengelassenen Vorschlag von Heinz von Foerster [216: 9] auf, das zwölfte (bei ihm: achtzehnte) Kamel *die Wirklichkeit* zu nennen. Wir versuchen also, die Theorie als Praxis des Nichtwissens zu beschreiben, indem wir vermuten, daß die Wirklichkeit die große Mogelei ist, die die Theorie in all ihrem Ornat als Verfahren der Erklärung, der Beschreibung und des Vergleichens operationsfähig macht. Denn die Theorie stößt in ihrem eigenen Operationsbereich, das heißt *als Praxis*, auf das Problem, daß sie nur erklären kann, wenn sie Gründe ins Spiel bringt, nur beschreiben, wenn ihr eine Geschichte oder ein Modell einfällt, und nur vergleichen, wenn sie die Vergleichskriterien mitbringt. Als Theorie kann sie jedoch nur überzeugen, wenn sie ihre eigenen Leistungen *auf den Gegenstand externalisiert*. Sie ist also auf ein Argument angewiesen, das Selbstreferenz und Fremdreferenz zu trennen erlaubt und die Theorie *in der Differenz* zwischen mobilisierten Gründen, Geschichten, Modellen und Vergleichskriterien einerseits, und ihrem Gegenstand andererseits etabliert. Dieses Argument ist das Argument der Wirklichkeit. Die Theorie ist selbst nur wirklich, wenn ihr Gegenstand wirklich ist, und dies, obwohl und weil die jeweilige Wirklichkeit *eine andere* ist. Die Wirklichkeit wird, obwohl es nur *eine* Wirklichkeit gibt, *als Differenz* in die Theorie hineingemogelt, damit sie selbst als Differenz gegenüber ihrem Gegenstand auf den Gegenstand *zutreffen* kann.

In den neunziger Jahren des vergangenen Jahrhunderts sind eine ganze Reihe von Theoriekonzeptionen erarbeitet worden, die diese Mogelei zur Kenntnis nehmen und ihr zu entsprechen versuchen. Seither gilt die Theorie als eine Leistung, die vor allem rhetorischer, das heißt sowohl begrifflicher als auch performativer Art ist [56]. Sie macht *an sich selbst* deutlich, was es heißt, nichts voraussetzen zu können, sondern statt dessen auf sich selbst kontrollierende Identitätskonstruktionen angewiesen zu sein, und bezieht daraus eine Kritik ›strukturalistischer‹ Theorieversionen, die so tun, als würden die von der Theorie beschriebenen Strukturen von der Wirklichkeit geliefert [254: 295 ff.]. In der paradoxen Bewegung, jede andere Theorie gleich miterklären zu können [39], nimmt eine Theorie sich zugleich auf die Absicht zurück, Unvorhersehbarkeit, Unberechenbarkeit, ja Unzuverlässigkeit der Verhältnisse und Systeme nicht nur erklären, sondern auch befördern zu können [162; 229].

Auf die Beförderung kommt es an, weil nur dort, wo die Unzuverlässigkeit sichtbar wird, jene Wirklichkeit zum Ausdruck kommt, für deren Einführung in die Theorie man gute Gründe braucht. Also muß man in der Lage sein, wie der Detektiv Philip Marlowe in Raymond Chandlers Kriminalromanen, verwirrte Verhältnisse zusätzlich zu verwirren, weil nur damit zu Reaktionen provoziert werden kann, die das Eigen-Verhalten der Verhältnisse an den Tag bringen. Nur deswegen macht es Sinn, diese ›Verhältnisse‹ unter definierten Bedingungen als ›Systeme‹ zu beobachten, weil ›System‹ hier nichts anderes ist als die theoretische Formel unvorhersehbaren Eigen-Verhaltens auf der Grundlage operativer Schließung. Damit beschreibt die Theorie ihren Gegenstand und sich selbst, so sehr es dann auch schwer fallen mag, dieser Selbstbeschreibung in der eigenen Praxis zu entsprechen.

Man kann die Probe aufs Exempel machen, indem man die Theorie als Konzept zweiter Ordnung ernst nimmt und nach der Theorie der Theorie fragt. Mit dieser Frage landet man etwa bei dem Vorschlag von Gordon Pask [193: 155 und 248 ff.], Theorie als ›Kontrolle der Kontrolle‹ zu interpretieren, das heißt als Beobachtung der ›Form‹ von Kontrolle auf ihre beiden Seiten der Kontrolle und der Nicht-Kontrolle hin. Wenn man Kontrolle hier als ›control‹ versteht, das heißt als vergangenheitsorientierte Beobachtung und Korrektur von Abweichungen, dann weiß man, daß die Theorie, die den Unterschied zwischen Kontrolle und Nicht-Kontrolle trifft (und nicht etwa das eine gegenüber dem anderen präferiert), eine Form des Gedächtnisses ist, das auf eine elaborierte, das heißt sich selbst kontrollierende Weise, Rechenschaft ablegt über den Stand der Erwartungen und ihrer Enttäuschungen, mit denen wir unsere natürliche, soziale und psychische Welt beobachten.

In diesem Sinne ist eine Theorie eine Praxis des Nichtwissens, die Erwartungen und Enttäuschungen so ins Spiel bringt, als sei an der Möglichkeit des einen ebenso zu zweifeln wie an der Wirklichkeit des anderen. Können wir erwarten, was wir erwarten? Sind wir enttäuscht worden, wo wir enttäuscht worden sind? Die Theorie hat hier ihre Zweifel, und sie hat sie, weil sie sich immer wieder für ihr zwölftes Kamel, die Wirklichkeit, entscheidet.

Die Praxis des Nichtwissens

Es dürfte deutlich geworden sein, daß diese Beispielliste, so zufällig sie zustande kommt, doch nahezu nach Belieben verlängert werden kann. Man könnte an was auch immer denken: Nichts schließt aus, es unter Gesichtspunkten der Differenz von Nichtwissen und Wissen, von Operation und Beobachtung, zu beschreiben, solange es überhaupt als eine sozial bestimmte Praxis zu verstehen ist. Der Verdacht liegt auf der Hand, daß dies auch für die großen Themen der soziologischen Systemtheorie gilt, für Wirtschaft, Politik, Recht, Religion und Wissenschaft, für Organisation und Interaktion. Selbstverständlich sind Interaktionssysteme und Organisationssysteme, Funktionssysteme und die Gesellschaft selbst Praktiken des Nichtwissens in dem präzisen Sinn, daß sie ihrem jeweiligen Operationsmodus durch fallweise eingeschmuggelte Beobachtungen auf die Beine helfen müssen. Das gilt systematisch an allen Stellen, an denen diese sozialen Systeme andernfalls auf ihre jeweilige Paradoxie auflaufen würden. *Jede* Paradoxieauflösung ist ein zwölftes Kamel, das an die Gesellschaft zurückgegeben werden muß, weil es eine *Beobachtung des Systems aus der Perspektive der Gesellschaft* ist und im jeweiligen System allenfalls in der Form von Substituten operativ verwendet werden kann. Das gilt aber auch weniger systematisch an Stellen, an denen das System nicht hinreichend genau zwischen seiner Selbstreferenz und seiner Fremdreferenz unterscheiden kann und daher einer Hilfestellung *für das Treffen dieser Unterscheidung* bedarf.

Aber auch andere Themen der Soziologie wie etwa eine Rolle, eine Norm, eine Handlung, eine Kommunikation oder ein Netzwerk könnte man als eine Praxis des Nichtwissens beschreiben, wenn man dabei jeweils auf die *soziologische* Qualifikation dieser Themen in der Überbrückung einer Differenz zwischen ego und alter ego, das heißt in der Konstitution eines *Sozius* [245], achtet. Dann ist jede soziale Praxis als *soziale* Praxis eine Praxis des Nichtwissens um die Perspektive des anderen (mit Rückwirkungen auf die eigene) und es wird umgekehrt zum Forschungsgegenstand der Soziologie, wie sich der Großteil dieser Praktiken als Praxis des Wissens tarnt und nicht nur sachliche, zeitliche und sprachliche, sondern auch soziale Externalisierungen seines Konstitutionsproblems findet. Nicht zuletzt gilt dies auch für die Soziologie selbst, die *auch an sich selbst* studieren kann, wie sich eine Praxis des Nichtwissens als Praxis des Wissens tarnt. Vielleicht richtete sich Luhmanns selbsterklärtes Ziel, »die Soziologie zu verändern«, in diesem Sinne auch auf ihre Befähigung zum Selbststudium. Dann könnte man die Soziologie in das Kunstwerk verwandeln, an dem die Gesellschaft sich selbst als Form und Medium studiert.

Aber das kann hier nicht unser Thema sein. Vielmehr kommt es zum Abschluß dieser Überlegungen darauf an, die Unterscheidung selbst, die wir verwendet haben, begrifflich zu klären und so weit zu entwickeln, daß die Frage beantwortet werden kann, ob das zwölfte Kamel zurückgegeben wurde und zurückgegeben werden kann.

Die einfachste Beobachtung ist zunächst, daß jede Praxis des Nichtwissens das Problem löst, herauszufinden, was man tun kann, wenn man nicht weiß, was man machen kann. Jede Praxis des Nichtwissens greift in diesem Moment auf ein Kamel zurück, das in den Termini des jeweiligen Systems unkontrollierbar die Systemoperationen wieder freisetzt. Der Eingriff ist ein Eingriff, der mit einer gesellschaftlichen Beobachtung die Operationen des Systems aus ihrer Blockade löst. Darum kann Luhmann sagen, daß das Rechtssystem wie jedes System erst durch ein ›Kamelogramm‹ logisch geschlossen wird. Er spielt damit auf Gotthard Günthers Kenogramme an, die die Idee formulieren und formalisieren, daß ein System operative Leerstellen ausweisen und bereithalten muß, *um sich selbst in der Antwort auf unvorhergesehene Probleme wiederholen zu können.* Die Leerstellen bleiben leer, damit sie in der Reproduktion des Systems, je nachdem wie diese verläuft, *unterschiedlich* besetzt werden können. Damit ist dann jedoch auch gesagt, daß ein System logisch *nicht* geschlossen werden kann *und nur deswegen rekursiv reproduktionsfähig ist.*

Die einfachste Besetzung der Kenogramme geschieht durch den An- und Einbau von Fremdreferenzen. Fremdreferenzen sind nicht vorhersehbar und motivieren nur in dieser Struktur der Nichtvorhersehbarkeit das System zur Wiederholung der Selbstreferenz. Andernfalls könnte es sich in die Sache, um die es dann stabil und identisch ginge, auflösen. Aber die Dinge laufen schon deswegen nicht so einfach, weil auch die Rekursivität selbst das System unvorhersehbar macht, denn eine Operation, die auf sich selbst zurückwirkt, ist schon deswegen nicht mehr dieselbe. Daher operieren Systeme, die selbstreferentiell operieren, systematisch auf der Grundlage einer selbstproduzierten Unbestimmtheit, die durch Oszillation zwischen Selbst- und Fremdreferenz und durch die Gedächtnisfunktion (Vergessen/Erinnern) der Bindung an die eigene strukturdeterminierte Geschichte zwar handhabbar gemacht, aber nicht aufgelöst werden kann.

Deswegen hatten wir bereits formuliert, daß das zwölfte Kamel nicht die Fremdreferenz substituieren muß, dazu besteht kein Anlaß, sondern die Unterscheidung zwischen Selbst- und Fremdreferenz wieder instituieren muß.

Wenn wir dieses systemtheoretisch-kybernetische Konzept der Kenogramme auf die soziologische Beschreibung einer Praxis des Nichtwissens anwenden, müssen wir zunächst Operation und Beobachtung auseinanderhalten. Operationen erzeugen Stellen oder Zustände, so wie die

Turing-Maschine, solange sie mit Energie versorgt wird und nicht durch ihr eigenes Arbeiten erschöpft oder gar kaputt ist, in jedem Falle immer eine Stelle weiterrückt [207]. Aber es kann sein, daß sie auf eine Leerstelle rückt, das heißt in einen Zustand gerät, in dem ihr keine Beobachtung, das heißt keine Unterscheidung und Bezeichnung des Zustands, zur Verfügung steht. In diesem Fall muß ihr eine von außen geführte Beobachtung entweder weiterhelfen, oder sie muß, was logisch auf dasselbe hinausläuft, dazu gebracht werden, dennoch eine Stelle weiterzurücken. Wir reden von Systemen und nicht von Maschinen, um an dieser Stelle auch formulieren zu können, daß sich das System *selber dazu bringt*, eine Stelle weiterzurücken. In ihrer logischen Funktion sind Leerstellen demnach Zustände, in denen das System etwas macht, *weil es auf dem Spiel steht*. Es operiert, und wartet auf dazu passende Beobachtungen.

In der Soziologie hat Eric M. Leifer [123] ein Verhalten, das angesichts einer Unbestimmtheit, wie es weitergeht, dennoch etwas tut, ›local action‹ genannt. Er hat dieses Verhalten an Schachgroßmeistern beobachtet, deren Meisterschaft nicht darin besteht, daß sie mehr Züge im voraus berechnen können als andere Schachspieler, sondern darin, daß sie über lange Strecken des Spiels gar keine Züge vorausberechnen, sondern eine gleichgewichtige und unbestimmte Situation entwickeln, in der die Chancen, kleinere frühere Fehler ausbügeln zu können, maximiert werden, und in der eine strukturell möglichst optionenreiche Situation entwickelt wird, in der dann zu einem gegebenen Zeitpunkt auf ›global action‹ umgeschaltet und eine Schachmattstrategie verfolgt werden kann.

Dieses Konzept der local action reicht über das Konzept hinaus, nach dem wir, theoretisch motiviert, suchen. Denn es arbeitet seinerseits mit einem zwölften Kamel, nämlich der Unterscheidung zwischen local action und global action, die als solche erst zu local action motivieren kann. Es gibt local action nur im Schatten von und mit Blick auf global action. Aber wir können dieses Kamel akzeptieren, weil es uns einerseits erlaubt, mit Blick auf die logische Unabschließbarkeit auch der Konzepte unserer Beschreibung theoriekonsistent zu bleiben, und weil es andererseits die Möglichkeit benennt und beschreibt, von global action, wenn das System ins Stocken gerät, umschalten zu können auf local action. Denn die Unterscheidung bleibt auf beiden Seiten erhalten, auf der Seite der local ebenso wie auf der Seite der global action. Sie ist gleichsam die Tür, durch die jederzeit ein Kamel in das System hineingewunken werden kann. Die Frage nach der ›Rückgabe‹ des Kamels bekommt hier den präzisen Sinn des Verweises darauf, daß diese Tür offengehalten werden muß, selbst wenn sie, wie es sich Lacan [118] in seiner Vision der Kybernetik vorstellte, realiter immer geschlossen ist. Selbst dann und vielleicht gerade dann bleibt sie eine Tür, die für die Möglichkeit der Öffnung steht. Und das genügt für das Präsenthalten der Unterscheidung, die *dieselbe* Situation unter Gesichtspunkten der local oder der global action zu beobachten vermag.

Unsere bisher etwas unbestimmte Rede von ›Praxis‹ bekommt durch das Konzept der local action den Sinn, ein Verhalten zu bezeichnen, das weder teleologisch noch kausal noch technologisch festgelegt ist. Man bewegt sich, wie gesagt, im Schatten und mit Blick auf Teleologie, Kausalität, Technologie oder auch nur bestimmte Systemcodes. Aber man hält sie auf Distanz. Man tut etwas, wie es das altgriechische Wort práxis im Unterschied zu poíesis auch meinte, nicht um ein Werk hervorzubringen (poíesis), sondern um dieses Verhaltens selber willen. Diese Praxis, so Leifer, ist immer dann vonnöten, wenn die Zukunft einer Situation ungewiß ist, wenn noch unklar ist, welche Partner welche Rolle spielen und welche Präferenzen haben, wenn der Sachbezug erst noch deutlich werden muß und wenn noch keine Sprache zur Verfügung steht, die eine Klärung in einer der genannten Hinsichten herbeiführen könnte. Man kann dann nicht einfach warten, bis sich all dies durch eine Gabe Gottes geklärt hat, sondern man muß mit eigenen Gaben, einschließlich des Risikos von sunk costs, in die Situation hineingehen und etwas spielen, was die Situation zu entwickeln und zu klären erlaubt.

Deswegen ist das Nichtwissen die Eintrittskarte zur local action und ihre Betriebsbedingung, selbst wenn und gerade weil dieses Nichtwissen eine ausschließlich und präzise heuristische Funktion mit Blick auf die Genese eines möglichen Wissens hat. Da man jedoch *nicht weiß*, auf welches Wissen man sich schließlich einigen wird, ist Nichtwissen hier die einzige konsequente Option, die die Situation und die Rollen der Teilnehmer an der Situation bezeichnet und zugleich kommuniziert, wie die Situation wahrgenommen wird. In dieser Kommunikation liegt dann auch das Risiko der local action für einen individuellen Teilnehmer, weil man immer damit rechnen muß, auf Leute zu stoßen, die sich ihre global action bereits zurechtgelegt haben und sich auch entsprechend verhalten. Aus der Perspektive einer bereits bestimmten global action, darin besteht das Risiko, wird das Nichtwissen nicht als Heuristik ernstgenommen, sondern als Mangel identifiziert und umstandslos durch Wissen substituiert.

Wichtig ist ferner, daß in einer local action keine bestimmte global action in Reserve gehalten wird, sondern nur der Übergang zur global action schlechthin und dies abhängig von den Situationsdefinitionen und Systemcodes, die eine Gesellschaft ›kulturell‹ bereithält. Auch dabei kann ein Wissender, der sich bereits festgelegt hat, nur unangenehm auffallen. Ob die Situation, in der man steckt, sich für die Liebe, die Wissenschaft oder den Tourismus fruchtbar machen läßt, kann man vorher nicht wissen, aber man kann der Situation die Chance geben, sich in die eine oder andere Richtung oder auch eine Kombination dieser Richtungen zu entwickeln – und hat es dann vielfach im Anschluß mit zwar bestimmten Situationen zu tun, denen jedoch das vielversprechend Unbestimmte der Anfangssituation fehlt. Local action ruft Kompetenzen auf den Plan, die man hinterher vermißt. Auch dafür macht es Sinn, die global action unter dem Aspekt der local action zu betreiben und ihr aus diesem

Aspekt einen gewissen Charme, ihr je-ne-sais-quoi, zu bewahren. Professionelle und virtuose global action in der Politik, in der Wirtschaft, in der Liebe, in der Kunst oder im Recht besteht oft in genau diesem Charme.

Man kann hinzufügen, daß dieser Charme, den man etwa an Diplomaten beobachten kann, mittlerweile in fast jeder global action funktional notwendig wird, weil man nicht mehr unterstellen kann, es mit identisch bleibenden (oder sich verstehenden) Partnern, mit klaren Sachbezügen und mit eindeutigen Technologien zu tun zu haben, sondern Situationen schaffen muß, in denen zumindest die Chance besteht, daß Änderungen in relevanten Dimensionen (und es gibt keine nichtrelevanten Dimensionen) erkennbar werden.

Das ist denn auch ein Verhalten, das dem Willen Allahs vermutlich am ehesten entspricht. Selbst wenn man das zwölfte Kamel nicht zurückgeben kann, weil dies bedeuten würde, sich auf ein System ohne Leerstellen einrichten zu müssen, auf eine logische Schließung, die jeden Austausch zwischen System und Gesellschaft unmöglich machen würde, muß man so tun, als könne man es zurückgeben wollen, *weil es nur so bezeichnet werden kann*. Die Rückgabe des zwölften Kamels ist seine Markierung und damit die Markierung einer Öffnung, die operative Schließung und damit iterativ-rekursive Reproduktion überhaupt erst möglich macht. Das Kamel zur Verfügung zu halten, nachdem man es bekommen hat, bedeutet, das System in seiner Differenz zur Gesellschaft auf eine Art und Weise deutlich zu machen, die das System selbst in eine ›unmögliche Gabe‹ verwandelt. Nur so steht es auch der Gesellschaft zur Verfügung. Und nur so steht auch die Gesellschaft selbst zur Verfügung.

Literaturverzeichnis

1. Aristoteles, Hermeneutik. In: Die Lehrschriften. Hrsg., übertragen und erläutert von Paul Gohlke, Bd 2, 2. Aufl., Paderborn: Schöningh, 1972
2. W. Ross Ashby, Einführung in die Kybernetik. Aus dem Englischen von Jörg Adrian Huber. Frankfurt am Main: Suhrkamp, 1974
3. W. Ross Ashby, Requisite Variety and Its Implications for the Control of Complex Systems. In: Cybernetica 1 (1958), S. 83-99
4. W. Ross Ashby, Principles of Self-Organization. In [7], S. 51-74
5. W. Ross Ashby, What is an Intelligent Machine? In [7], S. 295-306
6. W. Ross Ashby, The Brain of Yesterday and Today. In [7], S. 397-403
7. W. Ross Ashby, Mechanisms of Intelligence: Ross Ashby's Writings on Cybernetics, hrsg. von Roger Conant. Seaside, Cal.: Intersystems, 1981
8. Henri Atlan, Du bruit comme principe d'auto-organisation. In: ders., Entre le cristal et la fumée: Essai sur l'organisation du vivant. Paris: Seuil, 1979, S. 39-60
9. Pierre Aubenque, Die hellenistischen Philosophien: Stoizismus, Epikureismus, Skeptizismus. In: François Châtelet (Hrsg.), Geschichte der Philosophie: Ideen, Lehren, Bd 1. Aus dem Französischen von Eva Brückner-Pfaffenberger und Donald Watts Tuckwiller, Frankfurt am Main: Ullstein, 1973, S. 177-226
10. J. L. Austin, How to Do Things with Words: The William James Lectures, Harvard University 1955. London: Oxford UP, 1962
11. Dirk Baecker, Wozu Kultur? 2. Aufl. Berlin: Kulturverlag Kadmos, 2001
12. Archie J. Bahm, Systems Theory: Hocus Pocus or Holistic Science? In: General Systems 14 (1969), S. 175-177
13. Yves Barel, Le paradoxe et le système, essai sur le fantastique social. Erw. Aufl. Grenoble: PUG, 1989
14. Gregory Bateson, Naven: A Survey of the Problems suggested by a Composite Picture of the Culture of a New Guinea Tribe drawn from Three Points of View. 2. Aufl. Stanford: Stanford UP, 1958
15. Gregory Bateson, Ökologie des Geistes: Anthropologische, psychologische, biologische und epistemologische Perspektiven. Aus dem Amerikanischen von Hans Günter Holl. Frankfurt am Main: Suhrkamp, 1981

16. Gregory Bateson, Geist und Natur: Eine notwendige Einheit. Aus dem Amerikanischen von Hans Günter Holl. Frankfurt am Main: Suhrkamp, 1982
17. Gregory Bateson und Mary Catherine Bateson, Angels Fear: Towards an Epistemology of the Sacred. Toronto: Bantam Books, 1987
18. Walter Benjamin, Der Begriff der Kunstkritik in der deutschen Romantik. In: ders., Gesammelte Schriften, Hrsg. (?), Bd I.1. Frankfurt am Main: Suhrkamp 1974, S. 7-122
19. Walter Benjamin, Zur Kritik der Gewalt. In: ders., Gesammelte Schriften, hrsg. von Rolf Tiedemann und Hermann Schweppenhäuser, Bd II. 1. Frankfurt am Main: Suhrkamp, 1977, S. 179-203
20. Johannes Berger und Claus Offe, Die Entwicklungsdynamik des Dienstleistungssektors. In: Leviathan 8 (1980), S. 41-75
21. Joachim Bessing, Christian Kracht, Eckhardt Nickel, Alexander von Schönburg und Benjamin von Stuckrad-Barre, Tristesse Royale: Das popkulturelle Quintett. Berlin: Ullstein, 1991
22. Hannes Böhringer, Kunst contra Architektur. In: ders., Moneten: Von der Kunst zur Philosophie. Berlin: Merve, 1990, S. 31-55
23. Paul Bourgine und Francisco J. Varela (Hrsg.), Towards a Practice of Autonomous Systems: Proceedings of the First European Conference on Artificial Life. Cambridge, Mass.: MIT Pr., 1992
24. André Breton, Les vases communicants. Paris: Gallimard, 1955
25. Kenneth Burke, The Four Master Tropes. In: ders., A Grammar of Motives. Reprint Berkeley: California UP, 1969, S. 503-517
26. Stanley Cavell, This New Yet Unapproachable America: Lectures after Emerson after Wittgenstein. Albuquerque, NM: Living Batch, 1989
27. Morris R. Cohen und Ernest Nagel, An Introduction to Logic and Scientific Method. New York: Harcourt, Brace & Co., 1934
28. Paul Cull und William Frank, Flaws of Form. In: International Journal of General Systems 5 (1979), S. 201-211
29. William H. Davidow und Michael S. Malone, The Virtual Corporation: Structuring and Revitalizing the Corporation for the 21st Century. New York: HarperBusiness 1992
30. Keith S. Decker, Distributed Problem-Solving Techniques. In: IEEE Transactions on Systems, Man, and Cybernetics 17 (1987), S. 729-740
31. Gilles Deleuze, Unterhandlungen: 1972-1990. Aus dem Französischen von Gustav Roßler. Frankfurt am Main: Suhrkamp, 1993
32. Gilles Deleuze und Félix Guattari, Tausend Plateaus: Kapitalismus und Schizophrenie II. Aus dem Französischen von Gabriele Ricke und Ronald Voullié. Berlin: Merve, 1992

33. Paul DeMan, The Rhetoric of Temporality. In: ders., Blindness and Insight: Essays in the Rhetoric of Contemporary Criticism. 2., erg. Aufl. London: Methuen & Co., 1983, S. 187-228
34. Jacques Derrida, Die différance. In: ders., Randgänge der Philosophie. Aus dem Französischen von Eva Pfaffenberger-Brückner, hrsg. von Peter Engelmann, Wien: Passagen, 1988, S. 29-52
35. Jacques Derrida, Grammatologie. Aus dem Französischen von Hans-Jörg Rheinberger und Hanns Zischler, Frankfurt am Main: Suhrkamp, 1983
36. Jacques Derrida, La verité en peinture. Paris: Flammarion, 1978
37. Jacques Derrida, Vers une éthique de la discussion. In: ders., Limited Inc. Hrsg. und übers. von Elisabeth Weber, Paris: Galilée, 1990, S. 199-285
38. Jacques Derrida, Donner le temps: 1. La fausse monnaie. Paris: Galilée, 1991
39. Jacques Derrida, Einige Statements und Binsenweisheiten über Neologismen, Newismen, Post-Ismen, Parasitismen und andere kleine Seismen. Aus dem Französischen von Susanne Lüdemann, Berlin: Merve, 1997
40. Jacques Derrida, Gesetzeskraft: Der ›mystische Grund der Autorität‹. Aus dem Französischen von Alexander García Düttmann. Frankfurt am Main: Suhrkamp, 1991
41. Jacques Derrida, Die Einsprachigkeit des Anderen oder die Prothese des Ursprungs. In: Anselm Haverkamp (Hrsg.), Die Sprache der Anderen: Übersetzungspolitik zwischen den Kulturen. Frankfurt am Main: Fischer, 1997, S. 15-41
42. Jim Doran, Simulating Collective Misbelief. In: Journal of Artificial Societies and Social Simulation 1 (1998), Heft 1, <http://www.soc.surrey.ac.uk/JASSS/1/1/3.html>
43. Jim Doran, Intervening to Achieve Co-operative Ecosystem Management: Towards an Agent Based Model. In: Journal of Artificial Societies and Social Simulation 4 (2001), Heft 2 <http://www.soc.surrey.ac.uk/JASSS/4/2/4.html>
44. Bernhard J. Dotzler, Demons – Magic – Cybernetics: On the Introduction to Natural Magic as Told by Heinz von Foerster. In: Systems Research 13 (1996), S. 245-250
45. Jean-Pierre Dupuy und Francisco J. Varela, Kreative Zirkelschlüsse: Zum Verständnis der Ursprünge. In: Paul Watzlawick und Peter Krieg (Hrsg.), Das Auge des Betrachters: Beiträge zum Konstruktivismus. München: Piper, 1991, S. 247-275
46. Robert G. Eccles und Harrison C. White, Firm and Market Interfaces of Profit Center Control. In: Siegwart Lindenberg, James S. Coleman, Stefan Nowak (Hrsg.), Approaches to Social Theory. New York: Russell Sage, 1986, S. 203-220

47. Albert Einstein, The Meaning of Relativity: Including the Relativistic Theory of the Non-Symmetric Field. Fifth Edition, Princeton, NJ: Princeton UP, 1956
48. Peter Eisenman, Blue Line Text. In: Architectural Design 58 (1988), no. 7, S. 6-9
49. Jon Elster, Aktive und passive Negation. In: Paul Watzlawick (Hrsg.), Die erfundene Wirklichkeit: Wie wissen wir, was wir zu wissen glauben? Beiträge zum Konstruktivismus, 3. Aufl. München: Piper, 1985, S. 163-191
50. F.E. Emery und E.L. Trist, The Causal Texture of Organizational Environments. In: Human Relations 18 (1965), S. 21-32
51. Elena Esposito, L'operazione di osservazione: Costruttivismo e teoria dei sistemi sociali. Vorwort von Niklas Luhmann, Milano: Angeli, 1992
52. Elena Esposito, Der Computer als Medium und als Maschine. In: Zeitschrift für Soziologie 22 (1993), S. 338-354
53. Alexander Exner, Roswita Königswieser, und Stefan Titscher, Unternehmensberatung – systemisch: Theoretische Annahmen und Interventionen im Vergleich zu anderen Ansätzen. In: Die Betriebswirtschaft 47 (1987), S. 265-284
54. Edward A. Feigenbaum und Pamela McCorduck, The Fifth Generation: Artificial Intelligence and Japan's Computer Challenge to the World. Reading, Mass. etc.: Addison-Wesley, 1983
55. Paul Feyerabend, Wider den Methodenzwang. Frankfurt am Main: Suhrkamp, 1983
56. Stanley Fish, Doing What Comes Naturally: Change, Rhetoric, and the Practice of Theory in Literary and Legal Studies. Durham: Duke UP, 1989
57. Christiane Floyd (Hrsg.), Software Development and Reality Construction. Berlin etc.: Springer, 1992
58. Franco Fonatti, Elemente des Bauens bei Carlo Scarpa, 4. Aufl. Wien: Akademie der bildenden Künste, 1988
59. Michel Foucault, L'archéologie du savoir. Paris: Gallimard, 1969, dt. 1997
60. Michel Foucault, Überwachen und Strafen: Die Geburt des Gefängnisses. Aus dem Französischen von Walter Seitter. Frankfurt am Main: Suhrkamp, 1976
61. Peter Fuchs, Kommunikation mit Computern? Zur Korrektur einer Fragestellung. In: Sociologia Internationalis 29 (1991), S. 1-30
62. Peter Fuchs, Die Metapher des Systems: Studien zur allgemein leitenden Frage, wie sich der Tänzer vom Tanz unterscheiden lasse. Weilerswist: Velbrück, 2001
63. Hans-Georg Gadamer, Philosophische Bemerkungen zum Problem der Intelligenz. In: ders.: Kleine Schriften I: Philosophie Herme-

neutik. Tübingen: Mohr, 1967, S. 220-230
64. Arnold Gehlen, Urmensch und Spätkultur: Philosophische Ergebnisse und Aussagen, 5. Aufl. Wiesbaden: Aula, 1986
65. René Girard, Das Heilige und die Gewalt. Aus dem Französischen von Elisabeth Mainberger-Ruh. Zürich: Benziger, 1987
66. Ranulph Glanville, The Form of Cybernetics: Whitening the Black Box. In: Society for General Systems Research (Hrsg.), General Systems Research: A Science, a Methodology, a Technology, Louisville 1979, S. 35-42, dt. [70], S. 99-118
67. Ranulph Glanville, The Architecture of the Computable. In: Design Studies 1 (1980), S. 217-225
68. Ranulph Glanville, Inside Every White Box There Are Two Black Boxes Trying To Get Out. In: Behavioral Science 27 (1982), S. 1-11, dt. [70], S. 119-147
69. Ranulph Glanville, Why Design Research? In: R. Jacques und J.A. Powell (Hrsg.), Design: Science: Method. Proceedings of the 1980 Design Research Society Conference. Guildford (GB), 1981, S. 86-94
70. Ranulph Glanville, Objekte. Berlin: Merve, 1988
71. Ranulph Glanville, The Value of Being Unmanageable: Variety and Creativity in CyberSpace. unveröffentl. Ms., 1997
72. Dhananjay K. Gode und Shyam Sunder, Allocative Efficiency of Markets with Zero-Intelligence Traders: Market as a Partial Substitute for Individual Rationality, in: Journal of Political Economy 101 (1993), S. 119-137
73. Horatio Greenough, Form and Function: Remarks on Art, Design, and Architecture. Reprint Berkeley: California UP, 1969
74. Gotthard Günther, Das Bewußtsein der Maschinen: Eine Metaphysik der Kybernetik. Krefeld und Baden-Baden: agis, 1963
75. Gotthard Günther, Time, Timeless Logic and Self-Referential Systems. In: Annals of the New York Academy of Sciences 138, New York 1967, S. 396-406
76. Gotthard Günther, Das metaphysische Problem einer Formalisierung der transzendental-dialektischen Logik: Unter besonderer Berücksichtigung der Logik Hegels. In: ders., Beiträge zur Grundlegung einer operationsfähigen Dialektik, Bd 1. Hamburg: Meiner, 1976, S. 189-247
77. Gotthard Günther, Cybernetic Ontology and Transjunctional Operations. In: ders., Beiträge zur Grundlegung einer operationsfähigen Dialektik, Bd 1. Hamburg: Meiner, 1976, S. 249-328
78. Gotthard Günther, Cognition and Volition: A Contribution to a Cybernetic Theory of Subjectivity. In: ders., Beiträge zur Grundlegung einer operationsfähigen Dialektik, Bd 2. Hamburg: Meiner, 1979, S. 203-240

79. Gotthard Günther, Logik, Zeit, Emanation und Evolution. In: ders., Beiträge zur Grundlegung einer operationsfähigen Dialektik, Bd 3. Hamburg: Meiner, 1980, S. 95-135
80. Jürgen Habermas, Die Theorie des kommunikativen Handelns, 2 Bde. Frankfurt am Main: Suhrkamp, 1981
81. Ian Hacking, Was heißt »soziale Konstruktion«? Aus dem Amerikanischen von Joachim Schulte. Frankfurt am Main: Fischer, 1999
82. Alois Hahn, Konsensfiktionen in Kleingruppen: Dargestellt am Beispiel von jungen Ehen. In: Friedhelm Neidhardt (Hrsg.), Gruppensoziologie: Perspektiven und Materialien. Sonderheft 25 der Kölner Zeitschrift für Soziologie und Sozialpsychologie, 1983, S. 210-232
83. Bo L. T. Hedberg, Paul C. Nystrom, und William H. Starbuck: Camping on Seesaws: Prescriptions for a Self-Designing Organization. In: Administrative Science Quarterly 21 (1976), S. 41-65
84. Georg Wilhelm Friedrich Hegel, Enzyklopädie der philosophischen Wissenschaften im Grundrisse (1830), hg. von F. Nicolin und O. Pöggeler, 7., durchges. Aufl., erneut durchges. Nachdruck. Hamburg: Meiner, 1975
85. Martin Heidegger, Sein und Zeit. Tübingen: Niemeyer, 1972
86. Martin Heidegger, Zeit und Sein. In: ders., Zur Sache des Denkens. 3. Aufl., Tübingen: Niemeyer, 1988, S. 1-25
87. Fritz Heider, Ding und Medium. In: Symposion. Philosophische Zeitschrift für Forschung und Aussprache 1 (1926), S. 109-157.
88. Fritz Heider, Thing and Medium. In: ders.: On Perception, Event Structure, and Psychological Environment. Selected Papers. Psychological Issues 1 (1959), Heft 3. New York: International UP, S. 1-34
89. Fritz Heider, Social Perception and Phenomenal Causality. In: Psychological Review 51 (1944), S. 358-374
90. Bettina Heintz, Die Herrschaft der Regel: Zur Grundlagengeschichte des Computer. Frankfurt und New York: Campus, 1993
91. Dieter Henrich, Grund und Gang spekulativen Denkens. In: ders., Bewußtes Leben: Untersuchungen zum Verhältnis von Subjektivität und Metaphysik. Stuttgart: Reclam, 1999, S. 85-138
92. Philip Herbst, Foundations for Behaviour Logic. In: Social Science Information 14 (1975), S. 81-100
93. Douglas R. Hofstadter, Gödel, Escher, Bach: ein Endloses Geflochtenes Band. Aus dem Amerikanischen von Philipp Wolff-Windegg und Hermann Feuersee, 6. Aufl., Stuttgart: Klett-Cotta 1985
94. Edmund Husserl, Ideen zu einer reinen Phänomenologie und phänomenologischen Philosophie. Erstes Buch: Allgemeine Einführung in die Phänomenologie. In: Husserliana. Bd 3. Den Haag: Nijhoff, 1950

95. Stefan Jensen, Erkenntnis, Konstruktivismus, Systemtheorie. Opladen: Westdeutscher Verl., 1997
96. Stefan Jensen, Systemtheorie; System, soziales. In: Joachim Ritter und Karlfried Gründer (Hrsg.), Historisches Wörterbuch der Philosophie, Bd 10. Darmstadt: Wissenschaftliche Buchgesellschaft, 1998, Sp. 862-869
97. François Jullien, Über die Wirksamkeit. Aus dem Französischen von Gabriele Ricke und Ronald Voullié, Berlin: Merve, 1999
98. François Jullien, Über das Fade – eine Eloge: Zu Denken und Ästhetik in China. Aus dem Französischen von Andreas Hiepko und Joachim Kurtz, Berlin: Merve, 1999
99. Rudolf Kaehr, Neue Tendenzen in der KI-Forschung: Metakritische Untersuchungen über den Stellenwert der Logik in der neueren Künstliche-Intelligenz-Forschung. Berlin: Stiftung Warentest, 1980
100. Rudolf Kaehr, Disseminatorik: Zur Logik der »Second Order Cybernetics«. In: Dirk Baecker (Hrsg.), Kalkül der Form. Frankfurt am Main: Suhrkamp, 1993, S. 152-196.
101. Immanuel Kant, Über Pädagogik. In: Werke XII: Schriften zur Anthropologie, Geschichtsphilosophie, Politik und Pädagogik, Frankfurt am Main: Suhrkamp 1964, S. 691-761
102. Louis H. Kauffman, Self-Reference and Recursive Forms. In: Journal of Social and Biological Structure 10 (1987), S. 53-72
103. Louis H. Kauffman und Francisco J. Varela, Form Dynamics. In: Journal of Social and Biological Structure 3 (1980), S. 171-206
104. Stuart A. Kauffman, The Origins of Order: Self Organization and Selection in Evolution. Oxford: Oxford UP, 1993
105. Sören Kierkegaard, Über den Begriff der Ironie. Mit ständiger Rücksicht auf Sokrates. In: Gesammelte Werke, 31. Abteilung. Düsseldorf: Diederichs, 1961
106. Friedrich A. Kittler, Grammophon Film Typewriter. Berlin: Brinkmann & Bose, 1986
107. Friedrich A. Kittler, Geschichte der Kommunikationsmedien. In: Jörg Huber und Alois Martin Müller (Hrsg.), Raum und Verfahren: Interventionen. Zürich: Museum für Gestaltung, und Frankfurt am Main: Stroemfeld/Roter Stern, 1993, S. 169-188
108. Karin Knorr-Cetina, Die Fabrikation von Erkenntnis: Zur Anthropologie der Naturwissenschaft. Frankfurt am Main: Suhrkamp, 1984
109. René König, Kleider und Leute: Zur Soziologie der Mode. Frankfurt am Main: Fischer, 1967
110. Klaus Kornwachs und Walter von Lucadou, Komplexe Systeme. In: Klaus Kornwachs (Hrsg.), Offenheit – Zeitlichkeit – Komplexität: Zur Theorie der Offenen Systeme. Frankfurt am Main: Campus, 1984, S. 110-164

111. Alfred Korzybski, Science and Sanity: An Introduction to Non-Aristotelian Systems and General Semantics, 4. Aufl. Lakeville, Conn.: Institute of General Semantics, 1958
112. Sybille Krämer, Berechenbare Vernunft: Kalkül und Rationalismus im 17. Jahrhundert. Berlin und New York: de Gruyter, 1991
113. Klaus Krippendorff, Paradox and Information. In: Progress in Communication Sciences 5 (1984), S. 45-71
114. Klaus Kuhm, Raum als Medium gesellschaftlicher Kommunikation. In: Soziale Systeme 6 (2000), S. 321-348
115. Ray Kurzweil, The Age of Spiritual Machines: When Computers Exceed Human Intelligence. New York: Penguin, 1999
116. Jacques Lacan, Le stade du miroir comme formateur de la fonction du Je. In: ders., Écrits I. Paris: Seuil, 1966, S. 89-97
117. Jacques Lacan, L'instance de la lettre dans l'inconscient ou la raison depuis Freud. In: ders., Écrits I. Paris: Seuil, 1966, S. 249-289
118. Jacques Lacan, Psychoanalyse et cybernétique, ou de la nature du langage. In: Le Séminaire de Jacques Lacan. Hrsg. von Jacques-Alain Miller, Livre II: Le moi dans la théorie de Freud et dans la technique de la psychoanalyse, 1954-1955. Paris: Seuil, 1978, S. 339-354
119. Christopher G. Langton (Hrsg.), Artificial Life. Reading, Mass.: Addison-Wesley, 1989
120. Christopher G. Langton, Charles Taylor, J. Doyne Farmer, und Steen Rasmussen (Hrsg.), Artificial Life II. Reading, Mass.: Addison-Wesley, 1992
121. Jaron Lanier, Bill Joy fürchtet sich vor klugen Computern, ich aber fürchte mich vor dummer Software. In: Frankfurter Allgemeine Zeitung, 12. Juli 2000
122. Bruno Latour, Nous n'avons jamais été modernes: Essai d'anthropologie symétrique. Paris: La Découverte, 1994
123. Eric M. Leifer, Actors as Observers: A Theory of Skill in Social Relationships. New York: Garland, 1991
124. Jean-Louis Le Moigne, Systémique et Complexité: Étude d'épistémologie systémique. In: Revue Internationale de Systémique 4 (1990), S. 107-117
125. Emmanuel Lévinas, De l'existence à l'existant, Paris: Fontaine, 1947
126. Detlef Linke, Physik des Gehirns: Warum wir keine Computer sind. In: ders., Einsteins Doppelgänger: Das Gehirn und sein Ich. München: Beck, 2000, S. 85-89
127. Peter Littmann und Stephan A. Jansen: Oszillodox: Virtualisierung – Die permanente Neuerfindung der Organisation. Stuttgart: Klett-Cotta, 2000
128. Karl Löwith, Max Weber und Karl Marx. In: Archiv für Sozial-

wissenschaft und Sozialpolitik 67 (1932), S. 53-99 & 175-214
129. Niklas Luhmann, Funktion und Kausalität. In: ders., Soziologische Aufklärung 1: Aufsätze zur Theorie sozialer Systeme. Opladen: Westdeutscher Verl., 1970, S. 9-30
130. Niklas Luhmann, Funktionale Methode und Systemtheorie. In: ders., Soziologische Aufklärung 1: Aufsätze zur Theorie sozialer Systeme. Opladen: Westdeutscher Verl., 1970, S. 31-53
131. Niklas Luhmann, Soziologische Aufklärung. In: ders., Soziologische Aufklärung 1: Aufsätze zur Theorie sozialer Systeme. Opladen: Westdeutscher Verl., 1970, S. 66-91
132. Niklas Luhmann, Reflexive Mechanismen. In: ders., Soziologische Aufklärung 1: Aufsätze zur Theorie sozialer Systeme. Opladen: Westdeutscher Verl. 1970, S. 92-112
133. Niklas Luhmann, Sinn als Grundbegriff der Soziologie. In: Jürgen Habermas und Niklas Luhmann: Theorie der Gesellschaft oder Sozialtechnologie: Was leistet die Systemforschung. Frankfurt am Main: Suhrkamp, 1971, S. 25-100
134. Niklas Luhmann, Über die Funktion der Negation in sinnkonstituierenden Systemen. In: Harald Weinrich (Hrsg.), Positionen der Negativität. Poetik und Hermeneutik, Bd VI, München: Fink, 1975, S. 201-218
135. Niklas Luhmann, Zweckbegriff und Systemrationalität: Über die Funktion von Zwecken in sozialen Systemen. Neuausgabe Frankfurt am Main: Suhrkamp, 1977
136. Niklas Luhmann, Einführende Bemerkungen zu einer Theorie symbolisch generalisierter Kommunikationsmedien. In: ders.: Soziologische Aufklärung 2: Aufsätze zur Theorie der Gesellschaft, 2. Aufl. Opladen: Westdeutscher Verl. 1980, S. 170-192
137. Niklas Luhmann, Die Unwahrscheinlichkeit der Kommunikation. In: ders.: Soziologische Aufklärung 3: Soziales System, Gesellschaft, Organisation. Opladen: Westdeutscher Verl., 1981, S. 25-49
138. Niklas Luhmann, Soziale Systeme: Grundriß einer allgemeinen Theorie. Frankfurt am Main: Suhrkamp, 1984
139. Niklas Luhmann, Die Autopoiesis des Bewußtseins. In: Soziale Welt 36 (1985), S. 402-446
140. Niklas Luhmann, Ökologische Kommunikation: Kann die moderne Gesellschaft sich auf ökologische Gefährdungen einstellen? Opladen: Westdeutscher Verl., 1986
141. Niklas Luhmann, Brauchen wir einen neuen Mythos? In: ders., Soziologische Aufklärung 4: Beiträge zur funktionalen Differenzierung der Gesellschaft. Opladen: Westdeutscher Verl., 1987, S. 254-274
142. Niklas Luhmann, Die gesellschaftliche Differenzierung und das Individuum. In: Thomas Olk, Hans-Uwe Otto (Hrsg.), Soziale

Dienste im Wandel 1: Helfen im Sozialstaat. Neuwied und Frankfurt am Main: Luchterhand, 1987, S. 121-137
143. Niklas Luhmann, Frauen, Männer und George Spencer Brown. In: Zeitschrift für Soziologie 17 (1988), S. 47-71
144. Niklas Luhmann, Ethik als Reflexionstheorie der Moral. In: ders., Gesellschaftsstruktur und Semantik: Studien zur Wissenssoziologie der modernen Gesellschaft, Bd 3. Frankfurt am Main: Suhrkamp, 1989, S. 358-447
145. Niklas Luhmann, Die Wissenschaft der Gesellschaft. Frankfurt am Main: Suhrkamp, 1990
146. Niklas Luhmann, Gleichzeitigkeit und Synchronisation, in: ders., Soziologische Aufklärung 5: Konstruktivistische Perspektiven, Opladen: Westdeutscher Verl., 1990, S. 95-130
147. Niklas Luhmann, Die Form ›Person‹. In: Soziale Welt 42 (1991), S. 166-175
148. Niklas Luhmann, Einführung in die Systemtheorie: Die Vorlesung im Wintersemester 1991/92 auf 14 Tonbandkassetten. Heidelberg: Carl Auer, o.J. (1992)
149. Niklas Luhmann, Kommunikation mit Zettelkästen: Ein Erfahrungsbericht. In: ders.: Universität als Milieu. Hrsg. von André Kieserling. Bielefeld: Haux, 1992, S. 53-61
150. Niklas Luhmann, System und Absicht der Erziehung. In: ders. und Karl Eberhard Schorr (Hrsg.), Zwischen Absicht und Person: Fragen an die Pädagogik. Frankfurt am Main: Suhrkamp, 1992, S. 102-124
151. Niklas Luhmann, Gibt es ein ›System‹ der Intelligenz? In: Martin Meyer (Hrsg.), Intellektuellendämmerung. München: Hanser, 1992
152. Niklas Luhmann, Europäische Rationalität. In: ders., Beobachtungen der Moderne. Opladen: Westdeutscher Verl., 1992, S. 51-91
153. Niklas Luhmann, Ökologie des Nichtwissens. In: ders., Beobachtungen der Moderne. Opladen: Westdeutscher Verl., 1992, S. 149-220
154. Niklas Luhmann, Gesellschaft als Differenz: Zu den Beiträgen von Gerhard Wagner und von Alfred Bohnen in der Zeitschrift für Soziologie Heft 4 (1994). In: Zeitschrift für Soziologie 23 (1994), S. 477-481
155. Niklas Luhmann, Die Ausdifferenzierung des Kunstsystems. Bern: Benteli, 1994
156. Niklas Luhmann, Kausalität im Süden. In: Soziale Systeme: Zeitschrift für soziologische Theorie 1 (1995), S. 7-28
157. Niklas Luhmann, Über Natur. In: ders., Gesellschaftsstruktur und Semantik: Studien zur Wissenssoziologie der modernen Gesellschaft, Bd 4. Frankfurt am Main: Suhrkamp, 1995, S. 9-30
158. Niklas Luhmann, Kultur als historischer Begriff. In: ders., Gesellschaftsstruktur und Semantik: Studien zur Wissenssoziologie der

modernen Gesellschaft, Bd 4. Frankfurt am Main: Suhrkamp, 1995, S. 31-54

159. Niklas Luhmann, Die Kunst der Gesellschaft. Frankfurt am Main: Suhrkamp, 1995

160. Niklas Luhmann, Was ist Kommunikation? In: ders., Soziologische Aufklärung 6: Die Soziologie und der Mensch. Opladen: Westdeutscher Verl., 1995, S. 113-124

161. Niklas Luhmann, Zeit und Gedächtnis. In: Soziale Systeme: Zeitschrift für soziologische Theorie 2 (1996), S. 307-330

162. Niklas Luhmann, Die neuzeitlichen Wissenschaften und die Phänomenologie. Wien: Picus, 1996

163. Niklas Luhmann, Die Kontrolle von Intransparenz. In: Heinrich W. Ahlemeier und Roswita Königswieser (Hrsg.), Komplexität managen: Strategien, Konzepte und Fallbeispiele. Wiesbaden: Gabler, 1997, S. 51-76

164. Niklas Luhmann, Die Gesellschaft der Gesellschaft. Frankfurt am Main: Suhrkamp, 1997

165. Niklas Luhmann, Organisation und Entscheidung. Opladen: Westdeutscher Verl., 2000

166. Niklas Luhmann, Die Rückgabe des zwölften Kamels: Zum Sinn einer soziologischen Analyse des Rechts. In: Zeitschrift für Rechtssoziologie 21 (2000), S. 3-60

167. Niklas Luhmann und Karl-Eberhard Schorr, Reflexionsprobleme im Erziehungssystem. Stuttgart: Klett-Cotta, 1979

168. Niklas Luhmann, Humberto Maturana, Mikio Namiki, Volker Redder, Francisco Varela, Beobachter: Konvergenz der Erkenntnistheorien? München: Fink, 1990

169. Niklas Luhmann, Frederick D. Bunsen und Dirk Baecker, Unbeobachtbare Welt: Über Kunst und Architektur. Bielefeld: Haux, 1990

170. Dean MacCannell und Juliet Flower MacCannell, The Time of the Sign: A Semiotic Interpretation of Modern Culture. Bloomington: Indiana UP, 1982

171. Donald M. MacKay, Quantal Aspects of Scientific Information. In: Philosophical Magazine 41 (1950), 7th series, S. 289-311

172. Gerhard Manteuffel, Konstruktivistische Künstliche Intelligenz. In: Siegfried J. Schmidt (Hrsg.): Kognition und Gesellschaft: Der Diskurs des Radikalen Konstruktivismus 2. Frankfurt am Main: Suhrkamp, 1992, S. 97-115

173. Odo Marquard, Philosophie des Stattdessen: Einige Aspekte der Kompensationstheorie. In: ders., Philosophie des Stattdessen: Studien. Stuttgart: Reclam, 2000, S. 30-49

174. Magoroh Maruyama, The Second Cybernetics: Deviation-Amplifying Mutual Causal Processes & Postscript to the Second Cybernetics. In: American Scientist 51 (1963), S. 164-179 und 250-256.

175. Humberto R. Maturana und Francisco J. Varela, Autopoiesis and Cognition: The Realization of the Living. Dordrecht: Reidel, 1980
176. Humberto R. Maturana, Erkennen: Die Organisation und Verkörperung von Wirklichkeit: Ausgewählte Arbeiten zur biologischen Epistemologie. Aus dem Englischen von Wolfram K. Köck, Braunschweig: Vieweg, 1982
177. Warren S. McCulloch, A Heterarchy of Values Determined by the Topology of Nervous Nets. In: ders., Embodiments of Mind, second printing, Cambridge, Mass.: MIT Pr., 1989, S. 40-45
178. Drew McDermott, Artificial Intelligence Meets Natural Stupidity. In: John Haugeland, Hrsg.: Mind Design: Philosophy, Psychology, Artificial Intelligence. Cambridge, Mass. und London: MIT Pr., fifth printing 1987, S. 143-160
179. Marshall McLuhan, Understanding Media. New York: McGraw-Hill, 1964
180. Marshall McLuhan, Letters. Ausgew. und hrsg. von Matie Molinaro, Corinne McLuhan, William Toye, Toronto: Oxford UP, 1987
181. Maurice Merleau-Ponty, Le Visible et l'Invisible. Hrsg. von Claude Lefort, Paris: Gallimard, 1964
182. Eva Meyer, Der Unterschied, der eine Umgebung schafft. In: Dirk Baecker u.a., Im Netz der Systeme. Berlin: Merve, 1990, S. 110-122
183. Jacques Miermont, Les conditions formelles de l'état autonome. In: Revue internationale de systémique 3 (1989), S. 295-314
184. Hermann Minkowski, Raum und Zeit. In: C. F. Grauß, B. Riemann, H. Minkowski, Gaußsche Flächentheorie, Riemannsche Räume und Minkowski-Welt. Hrsg. von J. Böhm und H. Reichardt, Leipzig: Teubner, 1984, S. 100-113
185. Hans Moravec, Robot: Mere Machine to Transcendent Mind. Oxford: Oxford UP, 1999
186. Allen Newell und Herbert A. Simon, Computer Science as Empirical Inquiry: Symbols and Search. In: Communications of the ACM 19 (1976), S. 113-126
187. Friedrich Nietzsche, Über Wahrheit und Lüge im außermoralischen Sinne. In: Werke III, hrsg. von Karl Schlechta, 6., durchges. Aufl. Frankfurt am Main: Ullstein, 1969, S. 309-322
188. Simon Nora und Alain Minc, Die Informatisierung der Gesellschaft. Dt. Fassung. Frankfurt und New York: Campus, 1979
189. Talcott Parsons und Edward A. Shils (Hrsg.), Toward a General Theory of Action. Cambridge, Mass.: Harvard UP, 1951
190. Talcott Parsons, Social Structure and the Symbolic Media of Interchange. In: ders.: Social Systems and the Evolution of Action Theory. New York: Free Pr., 1977, S. 204-228
191. Talcott Parsons, A Paradigm of the Human Condition. In: ders.:

Action Theory and the Human Condition. New York: Free Pr., 1978, S. 352-433

192. Talcott Parsons und Gerald M. Platt, Die amerikanische Universität: Ein Beitrag zur Soziologie der Erkenntnis. Aus dem Amerikanischen von Michael Bischoff. Frankfurt am Main: Suhrkamp, 1990

193. Gordon S. Pask, The Cybernetics of Behaviour and Cognition Extending the Meaning of ›Goal‹. In: Cybernetica 13 (1970), S. 139-159 & 240-250

194. Gordon Pask, Heinz von Foerster's Self Organization, the Progenitor of Conversation and Interaction Theories. In: Systems Research 13 (1996), S. 349-362

195. Rolf Pfeifer und Christian Schneider, Understanding Intelligence. Cambridge, Mass.: MIT Pr., 1999

196. Jean Piaget, La psychologie de l'intelligence. Paris: Armand Colin, 1947

197. Arnold Picot, Ralf Reichwald, und Rolf T. Wigand, Die grenzenlose Unternehmung. Information, Organisation und Management: Lehrbuch zur Unternehmensführung im Informationszeitalter. Wiesbaden: Gabler, 1996

198. Robert Platt, Reflexivity, Recursion and Social Life: Elements for a Postmodern Sociology. In: The Sociological Review 37 (1989), S. 636-667

199. Edgar Allan Poe, The Purloined Letter. In: Collected Works of Edgar Allan Poe: Tales and Sketches 1843-1849. Cambridge, Mass.: Belknap, 1978

200. Melvin Pollner, Left of Ethnomethodology: The Rise and Decline of Radical Reflexivity. In: American Sociological Review 56 (1991), S. 370-380

201. Werner Rammert, Technisierung und Medien in Sozialsystemen: Annäherungen an eine soziologische Theorie der Technik. In: Peter Weingart (Hrsg.), Technik als sozialer Prozeß. Frankfurt am Main: Suhrkamp, 1989, S. 128-173

202. Werner Rammert, Technik aus soziologischer Perspektive: Forschungsstand, Theorieansätze, Fallbeispiele. Ein Überblick. Opladen: Westdeutscher Verl., 1993

203. William Rasch, Injecting Noise into the System: Hermeneutics and the Necessity of Misunderstanding. In: SubStance 67 (1992), S. 61-76

204. Henrik Reeh, Storybens Ornamenter: Siegfried Kracauer og den moderne bykultur. With an English Summary. Odense: Universitetsforlag, 1991

205. Michael Robinson, Classroom Control: Some Cybernetic Comments on the Possible and the Impossible. In: Instructional Science 8 (1979), S. 369-392

206. Gerhard Roth, Das Gehirn und seine Wirklichkeit: Kognitive Neurobiologie und ihre philosophischen Konsequenzen. Frankfurt am Main: Suhrkamp, 1997
207. Brian Rotman, Ad Infinitum–The Ghost in Turing's Machine: Taking God Out Of Mathematics and Putting the Body Back in: An Essay in Corporeal Semiotics. Stanford: Stanford UP, 1999
208. Jürgen Ruesch und Gregory Bateson, Communication: The Social Matrix of Psychiatry. New York: Norton Reprint, 1987, dt. 1995
209. David E. Rumelhart, James L. McClelland and the PDP Research Group, Parallel Distributed Processing: Explorations in the Microstructure of Cognition. Bd 1: Foundations. Cambridge, Mass., 1986
210. Jean-Paul Sartre, Venise, de man fenêtre. In: ders.: Situations IV. Paris: Gallimard, 1964, S. 444-459
211. Edgar H. Schein, Organisationsentwicklung und die Organisation der Zukunft. In: Organisationsentwicklung 17 (1998), Nr. 3, S. 41-49
212. Herbert Schober, Irritation und Bestätigung – Die Provokation der systemischen Beratung oder: Wer macht eigentlich die Veränderung. In: Michael Hofmann (Hrsg.), Theorie und Praxis der Unternehmensberatung: Bestandsaufnahme und Entwicklungsperspektiven. Heidelberg: Physica, 1991, S. 345-370
213. Günter Schulte, Der blinde Fleck in Luhmanns Systemtheorie. Frankfurt und New York: Campus, 1993
214. R. Schulz, System, biologisches. In: Joachim Ritter und Karlfried Gründer (Hrsg.), Historisches Wörterbuch der Philosophie, Bd 10. Darmstadt: Wissenschaftliche Buchgesellschaft, 1998, Sp. 856-862
215. Ronald David Schwartz, Artificial Intelligence as a Sociological Phenomenon. In: Canadian Journal of Sociology 14 (1989), S. 179-202
216. Lynn Segal, Das 18. Kamel oder Die Welt als Erfindung: Zum Konstruktivismus Heinz von Foersters. Aus dem Amerikanischen von Inge Leipold. München: Piper, 1986
217. Michel Serres, Der Parasit. Aus dem Französischen von Michael Bischoff. Frankfurt am Main: Suhrkamp, 1981
218. Claude E. Shannon und Warren Weaver, The Mathematical Theory of Communication. Urbana, Ill.: Illinois UP 1963
219. Rolf Peter Sieferle, Rückblick auf die Natur: Eine Geschichte des Menschen und seiner Umwelt. München: Luchterhand, 1997
220. Fritz B. Simon, Unterschiede, die Unterschiede machen. Klinische Epistemologie: Grundlagen einer systemischen Psychiatrie und Psychosomatik. Berlin: Springer, 1988
221. Fritz B. Simon, Meine Psychose, mein Fahrrad und ich: Zur Selbstorganisation der Verrücktheit. Heidelberg: Auer, 1991

222. Herbert A. Simon, The Science of Design – Creating the Artificial. In: ders., The Sciences of the Artificial, Second Edition. Cambridge, Mass.: MIT, 1981, S. 128-159
223. Wolf Singer, Wir brauchen den neuronalen Code: Müssen die Ingenieure vor der Komplexität des Gehirns kapitulieren? In: Frankfurter Allgemeine Zeitung, Nr. 196, 24. August 2000, S. 51
224. Reid C. Smith und Randall Davis, Framework for Cooperation in Distributed Problem-Solving. In: IEEE Transactions on Systems, Man, and Cybernetics 11 (1981), S. 61-69
225. Michael Smithson, Ignorance and Uncertainty: Emerging Paradigms. New York: Springer, 1989
226. G. Spencer Brown, Laws of Form. New York: Julian, 1972, dt. 1997
227. Christian Strub, System. In: Joachim Ritter und Karlfried Gründer (Hrsg.), Historisches Wörterbuch der Philosophie, Bd 10. Darmstadt: Wissenschaftliche Buchgesellschaft, 1998, Sp. 824-856
228. Alan Turing, Intelligence Service, hrsg. von Bernhard Dotzler und Friedrich Kittler. Berlin: Brinkmann & Bose, 1987
229. Frederick Turner, Chaos and Social Science. In: Raymond A. Eve, Sara Horsfall, Mary E. Lee (Hrsg.), Chaos, Complexity, and Sociology: Myths, Models, and Theories. Thousand Oaks, Cal.: Sage, 1997, S. xi-xxvii
230. Francisco J. Varela, A Calculus for Self-Reference. In: International Journal of General Systems 2 (1975), S. 5-24
231. Francisco J. Varela, Organism: A Meshwork of Selfless Selves. In: Alfred J. Tauber (Hrsg.), Organism and the Origins of Self. Dordrecht: Kluwer, 1991, S. 79-107
232. Francisco J. Varela, Ethisches Können. Aus dem Englischen von Robin Cackett, Frankfurt am Main: Campus, 1994
233. Francisco J. Varela und Joseph A. Goguen, The Arithmetic of Closure, in: Journal of Cybernetics 8 (1978), S. 291-324
234. Francisco J. Varela, Evan Thompson und Eleanor Rosch, Der Mittlere Weg der Erkenntnis: Die Beziehung von Ich und Welt in der Kognitionswissenschaft. Aus dem Amerikanischen von Hans Günter Holl, Bern: Scherz, 1992
235. Matthias Varga von Kibéd, Wittgenstein und Spencer Brown. In: Paul Weingartner und Gerhard Schurz (Hrsg.), Philosophie der Naturwissenschaften: Akten des 13. Internationalen Wittgenstein Symposiums. Wien: Hölder, Pichler & Tempsky, 1989, S. 402-406
236. Matthias Varga von Kibéd, Aspekte der Negation in der buddhistischen und formalen Logik. In: Synthesis Philosophica 10 (1990), S. 581-593
237. Matthias Varga von Kibéd, mündlich im Seminar »Spencer Browns Gesetze der Form, mit Anwendung auf Organisation und Management«, Universität Witten/Herdecke, 21.-23. Mai 2001

238. Matthias Varga von Kibéd und Insa Sparrer, Ganz im Gegenteil: Tetralemmaarbeit und andere Grundformen Systemischer Strukturaufstellungen – für Querdenker und solche, die es werden wollen, 2., korr. Aufl. Heidelberg: Carl-Auer-Systeme, 2000
239. Robert Venturi, Denise Scott Brown und Steven Izenour, Lernen von Las Vegas: Zur Ikonographie und Architektursymbolik der Geschäftsstadt. Dt. Braunschweig: Vieweg, 1979
240. Ludwig von Bertalanffy, General Systems Theory: Foundations, Developments, Applications, überarb. Aufl. New York: Braziller, 1968
241. Heinz von Foerster, Observing Systems. Seaside, Cal.: Intersystems Publ., 1981
242. Heinz von Foerster, Entdecken oder Erfinden: Wie läßt sich Verstehen verstehen? In: Ernst von Glasersfeld u. a., Einführung in den Konstruktivismus. München: Oldenbourg, 1985, S. 27-68
243. Heinz von Foerster, Wissen und Gewissen: Versuch einer Brücke. Aus dem Amerikanischen von Wolfram K. Köck, hrsg. von Siegfried J. Schmidt, Frankfurt am Main: Suhrkamp, 1993
244. Heinz von Foerster, KybernEthik. Berlin: Merve, 1993
245. Heinz von Foerster, Für Niklas Luhmann: Wie rekursiv ist Kommunikation? In: Teoria Sociologica 2, Urbino 1993, S. 61-85
246. Heinz von Foerster, Vorwort. In: Trash/Treasure, Vorsicht: Keine Einsicht! Derivative Kunst – Rokarto 1. Aachen: Thouet, 1995.
247. Heinz von Foerster, Der Anfang von Himmel und Erde hat keinen Namen: Eine Selbsterschaffung in 7 Tagen, hrsg. von Albert Müller und Karl H. Müller, Wien: Döcker, 1997
248. Heinz von Foerster, Über Bewußtsein, Gedächtnis, Sprache, Magie und andere unbegreifliche Alltäglichkeiten. In: ders., 2 x 2 = grün, 2 CDs, hrsg. von Klaus Sander, CD 2. Köln: supposé, 1999
249. Gerhard Wagner, Am Ende der systemtheoretischen Soziologie: Niklas Luhmann und die Dialektik. In: Zeitschrift für Soziologie 23 (1994), S. 275-291
250. Gerd Walger, Chancen und Folgen der Irritation in der systemischen Unternehmensberatung. In: ders. (Hrsg.), Formen der Unternehmensberatung: Systemische Unternehmensberatung, Organisationsentwicklung, Expertenberatung und gutachterliche Beratungstätigkeit in Theorie und Praxis. Köln: Schmidt, 1995, S. 301-322
251. Warren Weaver, Science and Complexity. In: American Scientist 36 (1948), S. 536-544
252. Karl E. Weick, Der Prozeß des Organisierens. Aus dem Amerikanischen von Gerhard Hauck. Frankfurt am Main: Suhrkamp, 1985
253. Paul E. Weston und Heinz von Foerster, Artificial Intelligence and Machines that Understand. In: Annual Review of Physical Chemistry 24 (1973), S. 353-378

254. Harrison C. White, Identity and Control: A Structural Theory of Action. Princeton, NJ: Princeton UP, 1992
255. Alfred North Whitehead, Process and Reality: An Essay in Cosmology. Corrected Edition, ed. by David Ray Griffin und Donald W. Sherburne, New York: Free Pr., 1979
256. Norbert Wiener, Cybernetics: or Control and Communication in the Animal and the Machine, 2. Aufl. Cambridge, Mass.: MIT Pr., 1961
257. Helmut Willke, Konstruktivismus und Sachhaltigkeit: Wirklichkeit als imaginäre Institution. In: Sociologia Internationalis 31 (1993), S. 83-99
258. Rudolf Wimmer, Was kann Beratung leisten? Zum Interventionsrepertoire und Interventionsverständnis der systemischen Organisationsberatung. In: ders. (Hrsg.), Organisationsberatung: Neue Wege und Konzepte. Wiesbaden: Gabler, 1992, S. 59-111
259. Terry Winograd und Fernando Flores, Erkenntnis Maschinen Verstehen: Zur Neugestaltung von Computersystemen. Aus dem Amerikanischen von Ludwig Voet. Berlin: Rotbuch, 1989
260. Ludwig Wittgenstein, Tractatus logico-philosophicus. Frankfurt am Main: Suhrkamp, 1963
261. Ludwig Wittgenstein, Philosophische Untersuchungen. In: ders., Schriften 1. Frankfurt am Main: Suhrkamp, 1980, S. 279-544
262. Eliezer S. Yudkowsky, Operation Schutzengel: Wir können nicht verstehen, was Künstliche Intelligenz ist, aber wir können sie dennoch auf den richtigen Weg bringen. In: Frankfurter Allgemeine Zeitung, Nr. 202, 31. August 2000, S. 53
263. Peter Zec, Mit Design auf Erfolgskurs: Strategien, Konzepte, Prozesse. Köln: Dumont, 1998

Nachweise

Wozu Systeme? – Originalbeitrag

Was wollen die Roboter? – Erstveröffentlichung in: Carl Hegemann (Hrsg.), Glück ohne Ende: Kapitalismus und Depression II. Berlin: Alexander Verl., 2000, S. 134-152

Matrix. – Erstveröffentlichung unter dem Titel »Wenn Roboter eigenen Regeln folgen: Künstliche Intelligenz und das Paradigma der Gesellschaft«. In: Frankfurter Rundschau, 28. Juni 2000, S. 19

Über Verteilung und Funktion der Intelligenz im System. – Erstveröffentlichung in: Werner Rammert (Hrsg.), Soziologie und Künstliche Intelligenz: Produkte und Probleme einer Hochtechnologie. Frankfurt am Main: Campus, 1995, S. 161-186

Zeit und Zweideutigkeit im Kalkül der Form. – Erstveröffentlichung in: Nummer – Kunst Literatur Theorie 4/5 (1996), S. 11-25

Die Theorieform des Systems. – Erstveröffentlichung in: Soziale Systeme: Zeitschrift für soziologische Theorie 6 (2000), S. 213-236 (erw. engl. Übersetzung: The Joker in the Box or The Theory Form of the System. In: Cybernetics and Human Knowing, erscheint demnächst)

Kommunikation im Medium der Information. – Erstveröffentlichung in: Rudolf Maresch, Niels Werber (Hrsg.), Kommunikation, Medien, Macht, Frankfurt am Main: Suhrkamp, 1999, S. 174-191

Wie steht es mit dem Willen Allahs? – Erstveröffentlichung in: Zeitschrift für Rechtssoziologie 21 (2000), S. 145-176 (auch erschienen als: Gunther Teubner (Hrsg.), Die Rückgabe des zwölften Kamels: Niklas Luhmann in der Diskussion über Gerechtigkeit, Stuttgart: Lucius & Lucius, 2000)

Index

Brian Rotman
Die Null und das Nichts
Eine Semiotik des Nullpunkts

aus dem Englischen von Petra Sonnenfeld
ca. 192 Seiten, broschiert mit Abbildungen
Mit einem Vorwort von Dirk Baecker

In der Mathematik lernt man schnell, daß es verboten ist, durch die Null zu dividieren? Aber warum? Die Griechen kannten weder die Null noch das Nichts, sondern die Materie, der die Götter ihre Form gaben. Die Juden hingegen kannten das Nichts, aus dem Gott die Welt schuf und kannten im Buch des Lebens der Kabbala auch eine Stelle für das Nichts. Ein Christentum, das sich sowohl auf die griechische wie auf die hebräische Kultur bezog, mußte diesem Nichts *innerhalb* der Schöpfung eine Stelle *außerhalb* der Schöpfung einräumen. Augustin findet für diese Stelle eine Namen: den des Teufels und gibt ihr dadurch einen eschatologischen Sinn.

Der Mathematiker Brian Rotman veranschaulicht, wie das janusköpfige Konzept der Null in drei ganz unterschiedlichen, scheinbar nicht zusammengehörigen Bereichen Einzug in das abendländische Bewußtsein findet. In der Mathematik handelt es sich um die Zahl Null, in der Malerei um den Fluchtpunkt der Perspektive und im Geldwesen um das referenzlose »imaginäre« Papiergeld. Nicht zuletzt waren, so Rotman, es wohl erst die Vorteile der Null im Stellenwertsystem der Zahlen und das Nullsaldo in der doppelten Buchführung, welche die Null unverzichtbar machte.

Ein Buch voller klarer, verdichteter und produktiver Gedanken. (Times Literary Supplement)